华尔街经典译丛·03

艾略特波浪理论

——自然法则

（第二版）

［美］R. N. 艾略特 著
何 君 译

地 震 出 版 社
Seismological Press

图书在版编目（CIP）数据

艾略特波浪理论：自然法则/（美）R. N. 艾略特著；何君译．—2版．—北京：地震出版社，2014.6（2025.2重印）
书名原文：Nature's Law-the Secret of The Universe
ISBN 978-7-5028-4419-6

Ⅰ.①艾…　Ⅱ.①艾…②何…　Ⅲ.①证券市场—分析
Ⅳ.①F830.91

中国版本图书馆CIP数据核字（2014）第067641号

地震版　XM5959

艾略特波浪理论——自然法则（第二版）
［美］R. N. 艾略特　著
何　君　译
责任编辑：刘素剑
责任校对：孔景宽

出版发行：地震出版社
北京市海淀区民族大学南路9号　邮编：100081
发行部：68423031　68467993　传真：88421706
门市部：68467991　传真：68467991
总编室：68462709　68423029　传真：68455221
证券图书事业部：68426052　68470332
http：//seismologicalpress.com
E-mail：zqbj68426052@163.com
经销：全国各地新华书店
印刷：河北文盛印刷有限公司

版（印）次：2014年6月第二版　2025年2月第13次印刷
开本：787×1092　1/16
字数：108千字
印张：7.5
书号：ISBN 978-7-5028-4419-6/F（5109）
定价：28.00元
版权所有　翻印必究
（图书出现印装问题，本社负责调换）

本书对于下列人士非常重要

证券和商品期货的交易者、投资者、经纪人、市场技术专家、银行家、商业管理人士、经济学家、信任委托人等。

※ ※ ※

对艺术感兴趣的参看10页；植物学家参看10页和84页；埃及文化研究者参看5、7和84页；数学家参看92页；哲学家参看38页；内科医生参看92页；心理学家参看5页和39页；金字塔研究者参看5、7、48、84和100页；毕达哥拉斯的研究者参看5、7和94页；动态对称研究者参看7~14页。

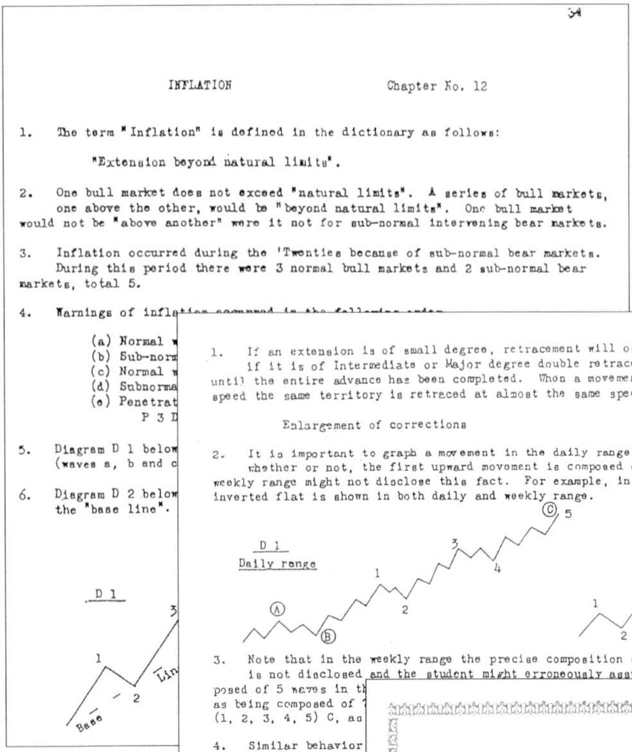

34

INFLATION Chapter No. 12

1. The term "Inflation" is defined in the dictionary as follows:

"Extension beyond natural limits".

2. One bull market does not exceed "natural limits". A series of bull markets, one above the other, would be "beyond natural limits". One bull market would not be "above another" were it not for sub-normal intervening bear markets.

3. Inflation occurred during the 'Twenties because of sub-normal bear markets. During this period there were 3 normal bull markets and 2 sub-normal bear markets, total 5.

4. Warnings of infla

(a) Normal
(b) Sub-norm
(c) Normal
(d) Subnorma
(e) Penetrat
P 3 D

5. Diagram D 1 below
(waves a, b and c

6. Diagram D 2 below
the "base line".

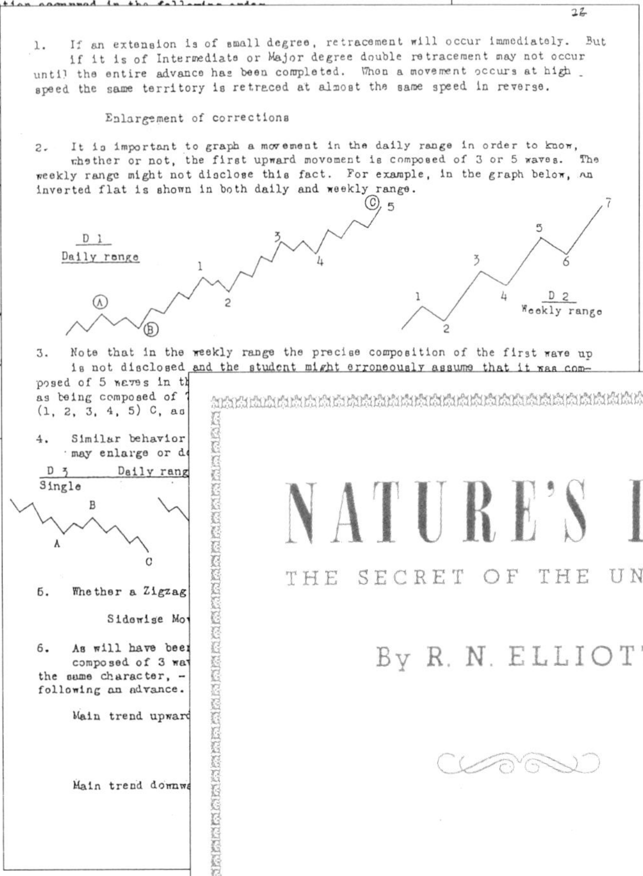

26

1. If an extension is of small degree, retracement will occur immediately. But if it is of Intermediate or Major degree double retracement may not occur until the entire advance has been completed. When a movement occurs at high speed the same territory is retraced at almost the same speed in reverse.

Enlargement of corrections

2. It is important to graph a movement in the daily range in order to know, whether or not, the first upward movement is composed of 3 or 5 waves. The weekly range might not disclose this fact. For example, in the graph below, an inverted flat is shown in both daily and weekly range.

3. Note that in the weekly range the precise composition of the first wave up is not disclosed and the student might erroneously assume that it was composed of 5 waves in th
as being composed of
(1, 2, 3, 4, 5) C, as

4. Similar behavior
may enlarge or d

5. Whether a Zigzag

Sidewise Mo

6. As will have bee
composed of 3 wa
the same character, -
following an advance.

Main trend upward

Main trend downwa

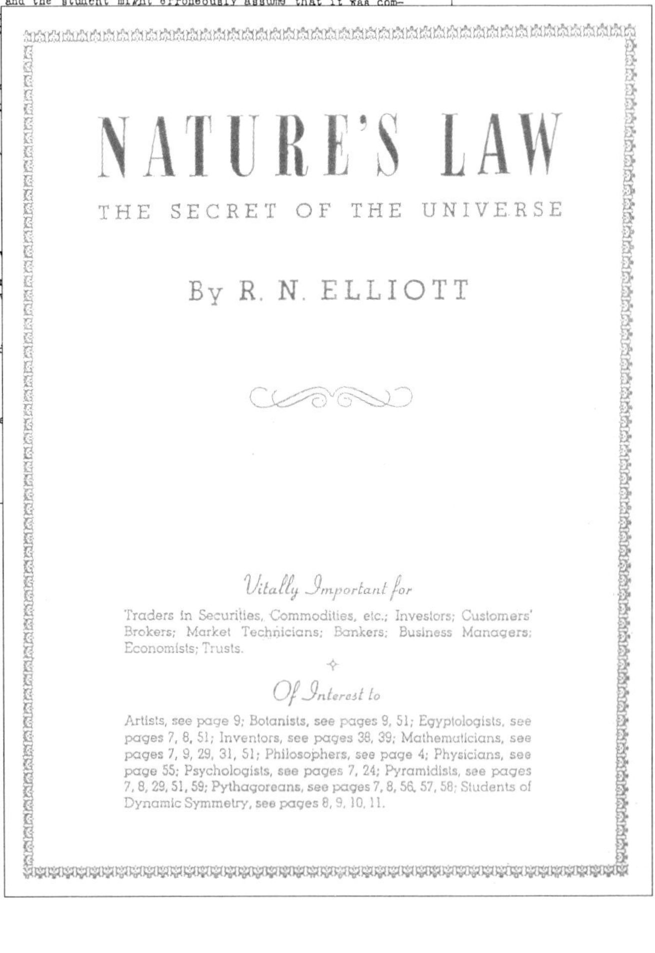

NATURE'S LAW

THE SECRET OF THE UNIVERSE

By R. N. ELLIOTT

Vitally Important for

Traders in Securities, Commodities, etc.; Investors; Customers' Brokers; Market Technicians; Bankers; Business Managers; Economists; Trusts.

Of Interest to

Artists, see page 9; Botanists, see pages 9, 51; Egyptologists, see pages 7, 8, 51; Inventors, see pages 38, 39; Mathematicians, see pages 7, 9, 29, 31, 51; Philosophers, see page 4; Physicians, see page 55; Psychologists, see pages 7, 24; Pyramidists, see pages 7, 8, 29, 51, 59; Pythagoreans, see pages 7, 8, 56, 57, 58; Students of Dynamic Symmetry, see pages 8, 9, 10, 11.

《自然法则——宇宙的奥秘》英文第一版

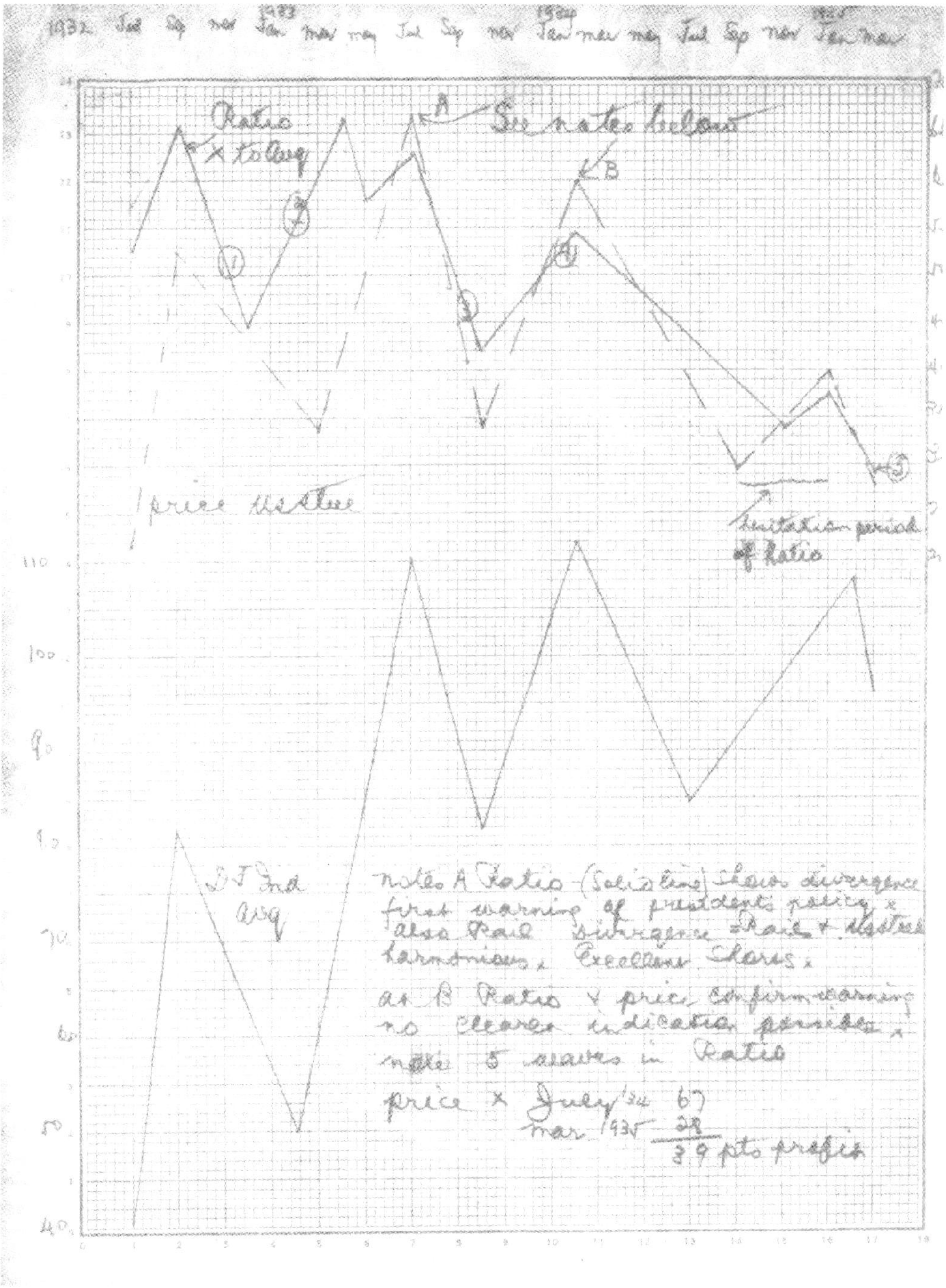

1932 Jul Sep Nov Jan Mar May Jul Sep Nov Jan Mar May Jul Sep Nov Jan Mar
1933
1934
1935
Ratio
See notes below
A
B
price
DJ Ind Avg
110
100
90
80
70
60
50
40
notes A Ratio (solid line) shows divergence
first warning of presidents policy x
harmonious x Excellent Charts x
at B Ratio + price confirm warning
no clearer indication possible x
note 5 waves in Ratio
price x July '34 67
Mar 1935 28
39 pts profit

艾略特亲笔手绘图（一）

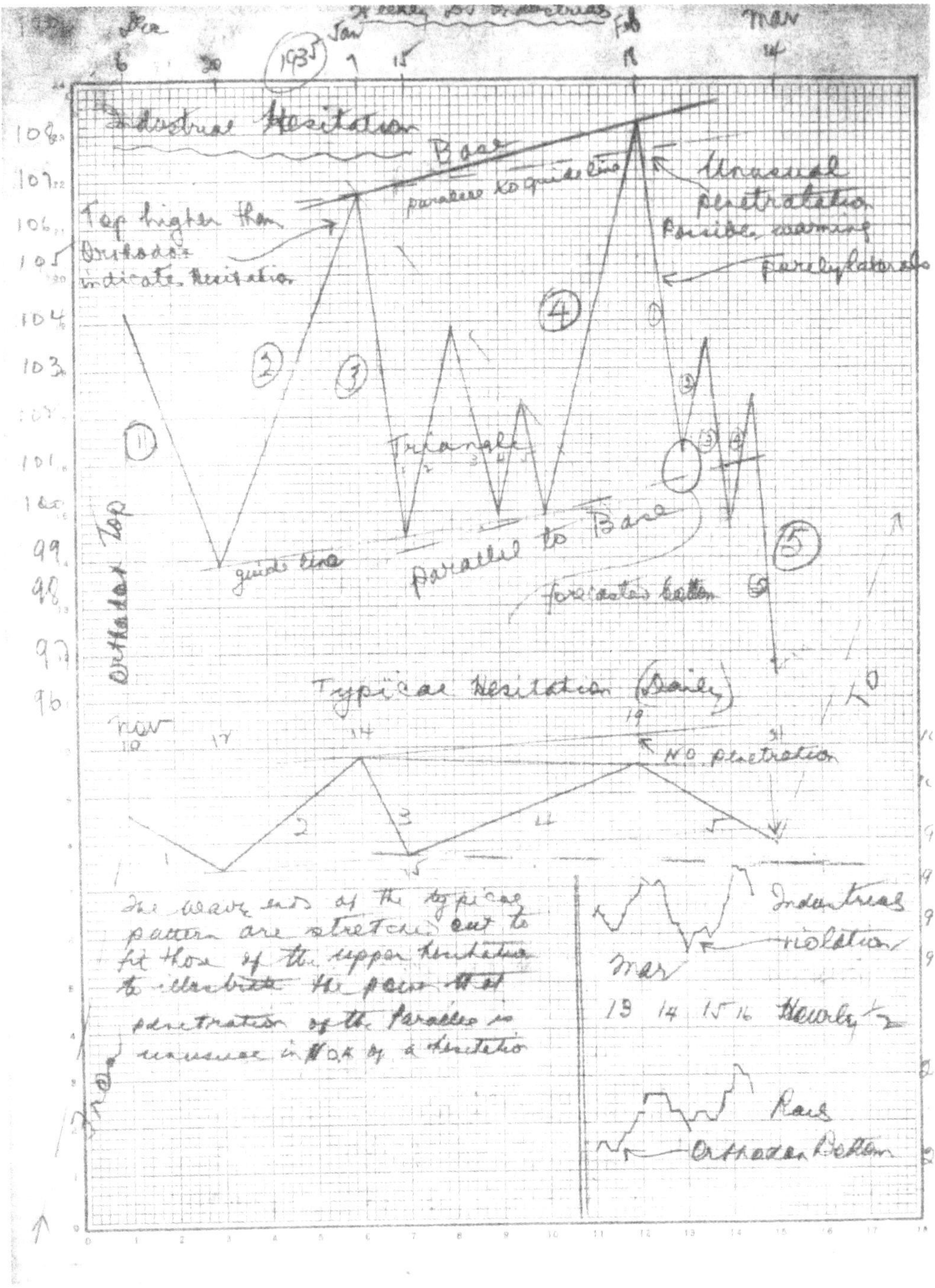

艾略特亲笔手绘图（二）

目　　录

译者序

华尔街从来不缺乏天才，但是艾略特先生是华尔街天才中的一个特例。跟华尔街其他的大师不同，艾略特先生在研究与推广波浪理论的过程中并没有参与市场交易。这一点使得艾略特能够以学者的专业精神，无私、全面和完整地将波浪理论公布于众，与所有的人共同分享他的研究成果。因此，我们在阅读艾略特先生原著的时候，看不到一丝一毫的私心，他将所有的观点、证据、逻辑过程和结论以最清晰和最严谨的方式展现出来，没有藏着掖着任何东西。

为了找到艾略特先生的真正原著，我的朋友们几乎想尽了所有的办法，最后从美国的道格·艾伦（Doug Allen）先生那里得到了1946年出版的《自然法则——宇宙的奥密》一书的复印件。当我第一次看到原书的复印件时，确实大吃一惊。我真的没有想到艾略特先生在晚年出版这本书的时候，为了方便读者更容易理解波浪理论，花费了如此大的心思，做了如此巧妙的处理！艾略特先生的确是一位真正的学者和长者。

以我个人的经验，学习波浪理论有两个难点：

首先波浪理论是一门以“读图”为基础的严谨科学体系。因此，学习波浪理论第一就是要看图，要看**正确的图**！当我查看原著的时候，第一个感觉就是：哦，**原来艾略特先生亲手绘制的图形是这个样子的**。原著中的图形，横纵坐标的比例关系、每个浪的转折点位置、对应的时间点等等，都是极其严谨和规范的；而这些直接关系到我们对波浪理论的理解与在实际中如何正确地读图。

其次，学习波浪理论的困难在于同时要研究**知识点与图形、不同的知识点之间的关系**以及**知识点在实际图形中的应用**这三个方面的内容。我们通常会顾此失彼，很难将三个方面融合在一起进行学习。针对这个问题，艾略特先生做了一个巧妙的设计，就是把知识点和图形都进行了科学的编号，使得**每个知识点和图形都有一个唯一的编号**。在这个基础上，艾略特在阐述任何一个观点的时候，都会在文中标注读者需要同时查看的其他知识点和图形的编号，这样极大地方便了读者的学习。

为了向艾略特先生致敬，**本书完全保留了原著的特质**，因为这是艾略特先生奉献给所有读者的心血。本书在翻译过程中，所有的图形都按照原图复制、所有的知识点和图形都拥有唯一的编号，并且只要是原著中涉及其他位置的知识点和图形，都按照中文页码和自然段进行标注。我相信所有的读者在阅读本书的时候，一定能体会到艾略特先生的良苦用心与天才的创意。

让我们一起与大师对话，聆听艾略特先生究竟是如何用他自己的方式阐述波浪理论的。

何　君

2012 年 6 月于北京

引言　自然的节奏

1 没有任何真理能够超越宇宙的法则。不言而喻，没有法则，一切都是没有任何意义的混沌。航海、化学、航空学、建筑学，以及一般事务性工作，无论是有生命的还是没有生命的，都受宇宙法则的制约，因为自然本身就是按照这个法则运行的。宇宙法则的特征就是永恒的秩序，因此根据这个法则，所有发生过的都将会重复。如果能够掌握这个法则，我们就能对重复进行预言。

2 哥伦布坚持认为地球是圆的，他预言船队从欧洲向西航行最终也能到达大陆。那些嘲笑他的人，包括了船队中的一些船员，都见证了这个预言的实现。哈雷在计算了1682年彗星的轨道后预言该彗星将会回来，这个预言在1759年得到了确切的证实。马可尼在研究了电波传送之后，预言声音不通过电线也能传播，因此我们现在可以坐在家里收听来自大洋彼岸的音乐和其他节目。这些人，如同在其他无数领域中的人一样，他们掌握法则。在法则被公开之后，预测就变得非常容易，因为其变成了数学。

3 尽管我们并不能明白一个特定现象背后的原因，但是通过观察，我们却能预言这个特定现象的重现。几千年前，人们就能预测太阳在固定的时间重复升起，但是导致这个现象的原因后来才被知道。印第安人根据每一轮新月确定他们的月份，但

是直到今天人们也不能说明为什么有规律的间隔是这个神圣信号的特征。全世界都是春天耕植，因为夏天随后就会到来；然而究竟有多少耕植者能够明白为什么会有这样恒古不变的季节？在每一个例子中，人们都掌握了这类特定现象的节奏。

1　人类同太阳和月亮一样，都是一种自然物体，因此人类的行为也有节奏的存在，这些都是可以研究和分析的。人类的活动尽管称得上惊奇，如果从节奏的角度去理解，对于一些最困惑我们的问题就会有精确和自然的答案；因为人类会受到节奏程序的控制，通过对其活动的仔细研究就能预测将来的表现，但其合理性与确定性迄今为止难以达到（令人满意的程度）。

2　与人类活动有关的所有广泛研究表明，社会和经济过程的所有发展实际上都遵循一种法则。这种法则导致它们以一种相似的、恒定的，有着确定循环数字和模式的波浪（或是驱动）自我重复；这些波浪（或是驱动）各自的强度同样也清晰地表明了它们之间的恒定的关系，以及各自消耗的时间。为了更好地阐明和解释这种特定现象，有必要从人类的活动领域中列举一些能够提供大量的可靠数据的例子。就这个要求来说，没有比股票交易更合适的了。

3　我们对股市的特别关注源于两个理由。首先，在其他领域没有如此大规模的预测尝试而又几乎没有什么结果。经济学家、统计学家、技术分析师、商业领袖和银行家，所有的人都试图预测纽约证券交易所的未来价格。事实上，已经发展以市场预测为目标的确定职业。然而，就在1929年来去之间，有记录以来的最大规模的牛市逆转为同样为历史上最大规模的熊市，套住了几乎所有毫无警惕的投资者。那些每年在市场研究上花费了成千上万美元的领导型投资机构也令人惊讶地遭受了几百万美元的损失，因为他们握在手中的股票价格经历了长时间的大幅缩水。

1　我们选择股市作为阐述社会和经济活动中都存在波浪（或是驱动）的第二个理由在于，如果对股市的预测接近成功就将会获得巨大的回报，因为即便是在某些单一市场中的意外成功也产生不了如此巨大的财富。股市从 1932 年的 7 月上涨到 1937 年 3 月，30 种有代表性的领涨股平均上涨了 373%①。另一方面，很多个股在这轮 5 年的运动期间上涨的百分比都非常巨大。最后一点，这里提到的这轮巨幅上涨并不是直线向上的，而是有一系列上涨与下跌的阶段，并且是通过持续几个月的锯齿型运动完成的，这些次要的摆动甚至提供了更大的赢利机会。

2　不管我们如何关注股市的成功，无论是精确的预言还是因此随之而来的奖励，但是这种成功必定是偶然的，因为那些试图谈论运动的人未能理解到股市是一种心理现象。他们没有抓住市场波动背后的规律性这个事实。换句话说，股票的价格运动受节奏的控制，是井然有序的运动。因此，对于那些在广为人知的学科中有一定经验的人来说，这样的市场预测就会缺乏必然性，是没有任何价值的偶然。

3　如同宇宙中的其他事物一样，股市也自有法则。如果没有法则，市场就没有了价格循环的中心，因此也就没有了股市。进而取代的则是市场每天都会出现一系列混乱的、难以辨认的价格波动，这样的波动没有任何显而易见的理由和次序。然而，正如随后就要揭示的那样，通过细致的研究证明了股市并不是这样的情形。如果从适当的角度观察市场，随后用这种方法进行分析，市场的节奏或者是变化的规则就能被发现。简单来说，股市是人创造的，因此反映了人类的特质。在随后的几页中，人类响应的法则，或说是节奏，将会通过依据明确的波浪理论而波动的股市运动记录揭示出来。

1　自然法则总是会在每一种人类活动中发挥作用，无论记录

① 译注：这里应该指的是道琼斯 30 种工业股平均指数。

的工具是否存在，不同级别波浪都会出现。当描述的工具出现时，波浪的模式就会非常完美，并且能够在有经验人的眼前展现出来。这种工具是：

A. 所有权非常分散的公司表现出来的广泛性商业活动。

B. 在一个综合性的市场中，买家和卖家可以通过代理人快速接触。

C. 可靠的记录以及交易信息的公布。

D. 与公司相关的所有事项的恰当统计。

E. 用最高价与最低价的日线图表来揭示出现的所有浪级的波浪。

2 股票交易的日线波动范围是从 1928 年开始记录的；小时线的记录是从 1932 年开始的。为了观察小浪和细浪，尤其是在快速的运动中，这些记录都是非常有必要的。

3 与道氏理论（一种流行的判断股市运动的策略）的观点相反，“自然法则”并不要求两种平均指数的相互确认。每一种平均指数、股票板块、个股，或是任何人类活动，都可以通过其自身的波浪进行研判。

第一章　吉萨大金字塔

1　很多年前，我努力确定“循环”这个术语的含义，但是没有人能够定义它。好奇心导致了我对图形的研究，因此我发现了波动的节奏，正如我在 1938 年出版的论文中所公开的那样。

2　后来我发现，我发现的基础是可能在 5000 年前建造的“吉萨”大金字塔（Great Pyramid“Gizeh”）的设计师就已经知晓的一种自然法则。

3　在埃及和别的地方都有一些金字塔，但是吉萨是金字塔的原型，而且是唯一揭示各种符号的金字塔。其他的金字塔是随后建造的，以用来作为安葬国王及其家庭的地穴。

4　早在公元前 820 年，一个土耳其的哈里发——马蒙，错误地认为吉萨里存放着从前法老的遗体，因此有可能会发现储藏的黄金。这就证明了，即使在那样早的时代，吉萨的符号还不为人知。

5　吉萨的建造时间不仅仅在文字出现之前，甚至是在象形文字出现之前。其他的金字塔出现了象形文字，而吉萨上并没有出现。

6　在研究吉萨的各种符号上面已经花费数额巨大的金钱，尤其是在过去的 50 年中。就今天我们掌握的知识所能理解的程度，这些符号的定义非常正确。这些知识相对是近现代的知识，因此也就表明吉萨中符合科学的符号必然是超自然的，或者说是先前存在过等同于甚至超过发展到今天的文明。很有可能在西半球存在过一种高度发展的文明，尤其是从墨西哥到阿根廷（区域）。《圣经》中提到过巨人，而最近发现的巨人下颚就可以达到400～500磅。

1 就我所了解的范围内，埃及学家忽视了某些大金字塔中包含的重要符号，例如：

- 金字塔的垂直高度与底边的比率为61.8%。
- 垂直高度的英寸数值是5813。请注意数字5、8和13，下面的加法数列中将会提到。
- 侧面的轮廓是一个循环，也就是有3条线。一个金字塔有5个面——4个面在地上，1个面在底部。从顶点看见的是8条线。
- 面和线的和是13。

埃及的计量单位是我们现在所知道的“英寸”。

2 斐波纳契是13世纪的一名意大利数学家。他在游历过埃及回国后公开了一种加法数列。如下所示：

1，2，3，5，8，13，21，34，55，89，144…

任何相邻的两个数字相加等于下一个更大的数字，例如5+8=13。任何一个数字与下一个更大的数字的比率是61.8%（使用较小的数字计算的比率会有轻微的差异）。因此，金字塔的垂直高度与底边得到的比率就是整个数列的规则。

3 向日葵籽排列在相互交叉的曲线上，交叉点最大的数字是144。这个数字同时也是一轮股市（牛市和熊市）完整循环的小浪数。

4 这个数列的数字也出现在人的身体、植物学、生产力、动物、音乐，以及包括股市在内的人类活动的波浪中。

5 毕达哥拉斯，一位公元前5世纪的希腊哲学家，曾经访问过埃及，并在回国之后公开了第二章的标题和图形。

第二章　自然法则

1　人类至少在5000年前就了解了自然法则。至少在公元前1500年，埃及的文明就已经高度发展，并且是当今最古老的国家。我们并不知道埃及金字塔究竟是何时建造的。吉萨大金字塔至少已经建造了5000多年。一些学者提出的证据显示，吉萨在促使诺亚制造方舟的大洪水发生之前就已经存在了；而其他一些学者则认为吉萨可能建造于3万多年前。

2　金字塔的设计者和建造者为了建立一种永恒的符号花费了非凡的智慧、技能、时间和劳动，这就证明了他们希望传递给子孙后代最重要的信息。在文字和象形文字出现之前，符号是唯一的记录方法。

3　几个世纪以来，金字塔已经得到了彻底的研究，尤其是最近这些年。就我所观察到的范围内，埃及学家忽略了一个重要，也许是最重要的符号。我指的是吉萨金字塔外部的线条。

4　毕达哥拉斯是公元前5世纪著名的希腊哲学家。老的百科全书对他的活动有非常详细的描述。《大英百科全书》上显示了一个图形和一个神秘的标题，这可能是他留下来的唯一记录。这是他长期游历埃及之后回到希腊绘制的。该图形和标题在8页的图1所示。

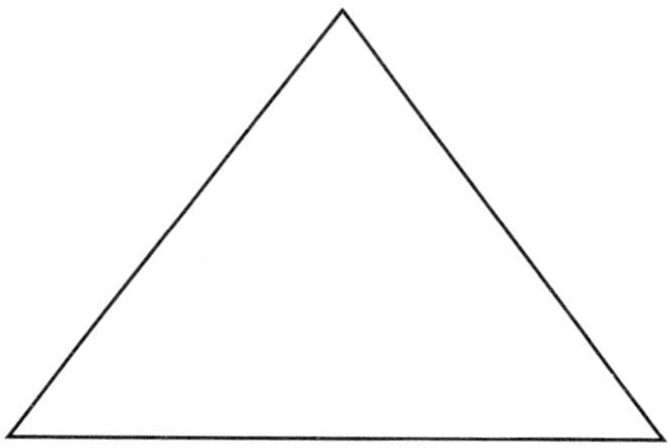

图 1

1 我们可以合理地假设，毕达哥拉斯的图形指的就是一座金字塔。吉萨大金字塔最初的测量估计是这样的：底边长 783.3 英尺，垂直高度 484.4 英尺，两者的比率是 61.8%。垂直高度的 484.4 英尺等于 5813 英寸（5—8—13，FSS，斐波纳契加法数列中的数字）。

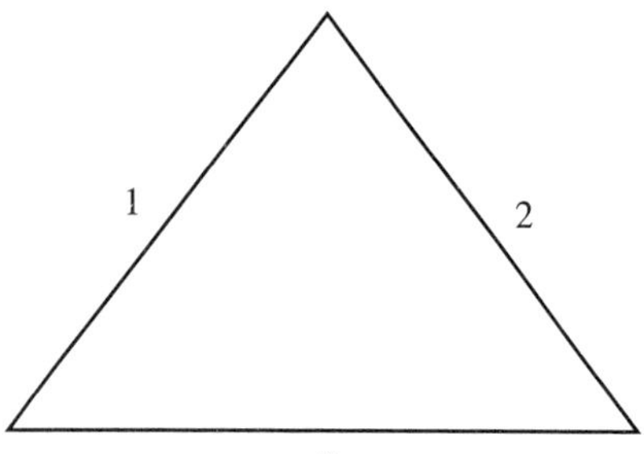

图 2

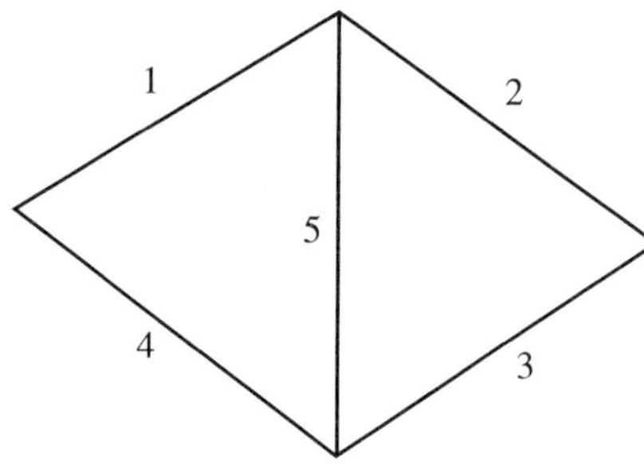

图 3

2 从 4 个侧面的任何一面观察金字塔，都可以看见 3 条线。这个图形是一个完整的循环。参见图 2。

3 从 4 个角的任何一个角度观察金字塔，均可以看到 5 条线。

一个金字塔有 5 个面——4 个在地面上，1 个在底部。参见图 3。

1 从顶点观察，金字塔就会显示出 8 条线。参见图 4。

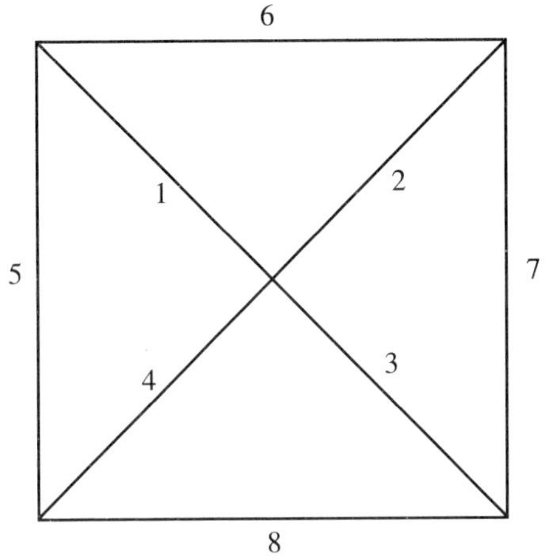

图 4

斐波纳契是公元 13 世纪的意大利数学家。他在当时为人所知的名字为李奥纳多·达·比萨。他在游历埃及和希腊回到意大利后就公开了著名的加法数列。这个数列如下：

1—2—3—5—8—13—21—34—55—89—144

2 任何两个相邻数字的和等于下一个更大的数。例如 5+8=13。任何一个数除以下一个更大的数，得出的比率就是 0.618。例如 8÷13=0.618。任何一个数除以前一个较小的数，得出就是倒数 1.618。在较小的数字中，各自的比率并不精确，但是对于实用的目的来说就已经足够了。为了简化阅读，我从这里开始把前者确定为 62%，后者确定为 1.62。

3 请注意加法数列中的前 5 个数字，1、2、3、5 和 8 都在完整的金字塔图形中得到了显示。

4 已故的美国艺术家杰伊·汉姆毕格（Jay Hambidge），在游历过埃及、希腊和意大利之后，撰写了几本非常重要和有趣的图书。经过耶鲁大学出版社的同意，我引用了他的著作《动态对称的实际应用》的27～28页：

植物学家使用向日葵花盘作为解释叶序现象的一种常见的例证。它在接近2维的形态中展示了这种现象。

这些向日葵籽（种子）分布在向日葵花盘上的扁菱形的孔中，并且这些孔形成了由交叉曲线构成的图案。这个图案在一些地方很像老式手表上的镂空。

向日葵籽的排列是一种非常有趣的曲线图案。

第一，这种曲线本身是一种确定的曲线。事实上，这种曲线与贝壳的生长曲线类似的非常有规律，并且具备某种数学属性。正如后面将要解释的那样，这种属性是统一生长的必然结果。

第二，当我们对这些曲线进行计数的时候就会发现，一个直径为5～6英寸的正常向日葵花盘上曲线的数目是89，其中55条曲线向一个方向弯曲，34条曲线则向另外一个方向弯曲。也就是说，在正常的花盘上呈现出55条曲线与另外34条曲线相互交叉。这两个数字被记录为34＋55。在茎上的顶花下面通常会有尺寸小一些的第二朵花，其上相互交叉的曲线数目通常为21＋34。茎的更低位置可能会有新生长出来的第三朵花，其上相互交叉的数目为13＋21。

在英国的牛津大学，人们已经被培育出花盘生长超常的向日葵，其上相互交叉的曲线数目从34＋55增加到了55＋89。在这个迷人的研究领域中的权威者中，现在的领导者是亚瑟·H·丘奇教授，他告诉我们，在牛津培育的巨型花盘上，相互交叉的曲线数目为89＋144。

花盘上种子复合体的周边排列着一些小花，它们也如同种子一样展示出一定数量的相互交叉的曲线，通常是5+8。

如果数出从植物茎的底部到花盘之间叶子的实际数目，我们很有可能会发现，第一次用一片叶子叠加一片叶子得到的数字与（第二次）环绕茎数出的叶子数字，这两个数字之间是固定的（斐波纳契数列中的数字）。这种情形展示出的曲线交叉数目，与种子及其小花的数目是同一数列。

我们提到的这些数字都是属于加法数列。之所以这样命名是因为每一个数字都是前面几个数字的和，在这个数列中，是前2个数字。

这个数列的数字是：1、2、3、5、8、13、21、34、55、89、144……

如果我们提取这个数列中任何两个数，并将一个数除另外一个数，例如34除55，我们就获得了一个比率，并且这个比率在整个数列中恒定不变；也就是说，任何较小的数除相邻的更大的数就得出了相同的比率。

这个比率是1.618多一点，一个无限不循环小数。

如果反过来计算，用55除33，我们得到的数字就是0.618多一点。

请注意，这两个比率的差异是1，也就是单位元素。

我们还要注意，在进行这两个除法运算的时候会有一点点误差。这是由于这个数列在用整数形式表达时并不是非常准确的，应当用非常小的小数进行表达。但是这个误差在观察植物生长的允许范围内，整数保留了检查的方便性。

非常离奇巧合的是，1.618和0.618这两种比率是古希腊人非常着迷的比率。离奇是指古希腊人根本不可能想到这个比率跟植物的结构有关系。

这个比率被他们称为极致或是重要的比率。

在中世纪，这个比率被命名为“神圣分割”；最近则被命名为“黄金分割”。

1 我已经从经验中知道，144 是实用性中最大的数字。在一轮完整的股市循环中，小浪数就是 144，正如下面的表 1 和 19 页中的图形所示：

表 1

	牛市	熊市	合计	
大浪的数字	5	3	8	完成循环
中浪的数字	21	13	34	完成循环
小浪的数字	89	55	144	完成循环

全部都是斐波纳契数字，并且应用了整个数列。波浪的长度可能会有变化，但是波浪数则不会。请注意斐波纳契加法数列中的数字。

2 人的身体遵循数字 3 和 5。躯干上有 5 个突出部分——头、2 个胳膊和 2 条腿。每一条腿和胳膊分成 3 个部分。每个胳膊和腿上有 5 个手指或是脚趾。脚趾和手指（除去大拇指）再分为 3 个部分。我们有 5 种感觉。猴子与人相同，除了手和脚相同之外。也就是猴子的大脚趾与它的拇指相同。大多数的动物的躯干上有 5 个突出部分——头和 4 条腿，总数是 5。鸟类的躯干上有 5 个突出部分，头、2 只脚和 2 只翅膀。

3 音乐：最好的例子是钢琴。“八度音阶”是指 8。每一个八度由 8 个白色键和 5 个黑色键构成，总数是 13。

4 化学元素：有大约 89 种主要元素。

5 颜色：有 3 个原色，混合产生了其他所有的颜色。

各种各样的观察结果

1 西半球由 3 个部分构成，北美洲、中美洲和南美洲。

2 在西半球有 21 个共和国。所有这些国家都是泛美联盟的成员。北美洲有 3 个国家，加拿大、墨西哥和美国。南美洲是由 10 个共和国和 3 个欧洲殖民地组成的，总数是 13。中美洲，以前的范围到巴拿马运河，有 5 个共和国。

3 美国最初是由 13 个州组成。现在有 55 个分支：48 个州、哥伦比亚特区、菲律宾、巴拿马运河区域、波多黎各、阿拉斯加、夏威夷群岛和维尔京群岛。

4 在独立宣言上有 56 个签名。最初的数字是 55，最后一个签名是后来加上去的。

• 联邦政府的主要分支：	3 个
• 陆军的最高礼仪：	21 响礼炮
• 投票年龄：	21 岁
• 人权法案包括：	13 点
• 国旗的颜色：	3 种
• 华盛顿哥伦比亚特区的华盛顿纪念碑：	
于 1848 年 7 月 4 日安放奠基石	
总成本：130 万美元	13
碑身高度：500 英尺	5
拱顶石高：55 英尺	55
碑身底面积：55 平方英尺	55
碑身的顶部边缘长度：34 英尺	34
基座台阶：	8

窗户（每一面 2 个）	8
顶石呈金字塔型：	底面积是 34 平方英尺 最高点是 55 英尺 比率：0.618

1 轴心国由 3 个同伙组成。德国成功地快速占领了 13 个国家，在第 14 个国家——苏联受阻。墨索里尼当了 21 年的独裁者。

2 1852 年，海军准将佩里“友好”地访问了日本，并要求天皇放弃绝对的孤立主义。1907 年，也就是 55 年之后，日本严重威胁到美国。1941 年，34 年之后，如果从 1852 年起算就是 89 年，日本攻击了珍珠港。

第三章　人类活动

1　“人类活动”这种表述包括类似这样的项目：

- 股票价格；
- 债券价格；
- 专利；
- 黄金价格；
- 人口；
- 公民从城市到农村的流动，以及相反的流动；
- 商品价格；
- 政府支出；
- 生产力；
- 人寿保险；
- 发电量；
- 汽油消费；
- 火灾；
- 股票交易所席位的价格；
- 流行病；
- 不动产。

2　在这些主要条目中最吸引人的就是有价证券的价格。这一点是每个人都明白的，至少也是部分明白。

3　我们有必要为“穷困的日子”做好准备，并进行持久的改善。例如建筑物的建设、保护项目、道路、桥梁、工厂和住宅等等。我们应当等待循环的低点，以便获得资产所有人的低成本与劳动力的低工资的双重效果。经济学中的福利波动就如同地球自转一样，无穷无尽。

第四章　人类活动的特征

1　所有的人类活动都有三个特征——模式、时间和比率，并且在所有的特征中都能观察到斐波纳契加法数列。

2　一旦波浪能够被解读，这个知识就可以应用在任何一种活动中，如同一样的规则适用于股票价格、证券价格、谷物价格、棉花价格、咖啡价格以及先前提到的其他活动上。

模式

3　三种因素中最重要的是模式。模式总是在形成的过程中。通常，但并非总是，研究者能提前构想出模式的类型。这种便利是由这种模式已经出现的部分提供的。参见39页上的第八章“交替”。

4　一个股市循环的完美图形在19页上。图中首先分成“牛市”和“熊市”。图5把牛市细分为5个大浪，熊市细分为3个大浪。图6再把大浪中的①浪、③浪和⑤浪细分为5个中浪。图7接着把每个中浪的1浪、3浪和5浪细分为5个小浪。

在图5中，熊市细分为3个大浪，并且用字母Ⓐ、Ⓑ、Ⓒ标记。

在图 6 中，向下的Ⓐ浪和Ⓒ浪细分为了 5 个中浪。向上的Ⓑ浪分成了 3 个中浪。

在图 7 中，中浪接下来细分为 5 个小浪。

1 换句话说，熊市和牛市是反向的，只是熊市有 3 个向下的大浪，牛市有 5 个向上的大浪。

2 无论是熊市摆动还是牛市摆动，其中的调整浪学习起来都非常困难。由于在这里揭示发现的是独创性的，我不得不创造一些新的表达方式。为了解释模式以及它们对应的表达方式，完美图形以不同的浪级显示。可以这样说，“浪级”这个术语相对非常重要。例如，“大浪”级是指 19 页中图 5 中的那些浪。“中浪”级是指图 6 中的那些浪。“小浪”级是指图 7 中显示的那些浪。

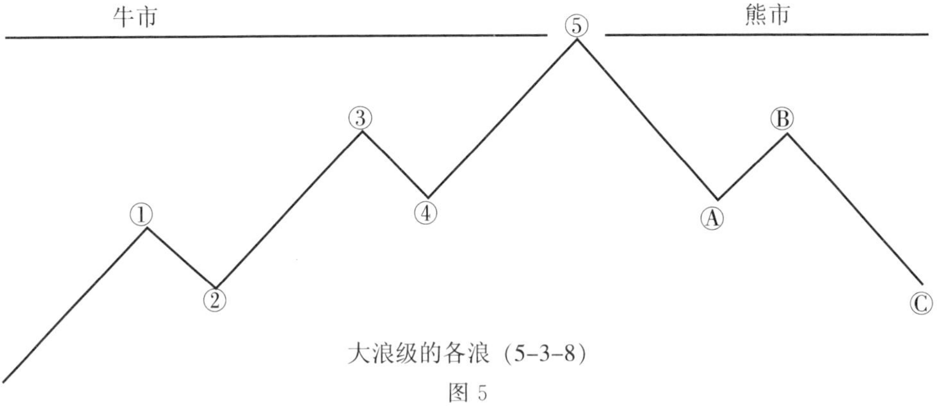

大浪级的各浪（5-3-8）

图 5

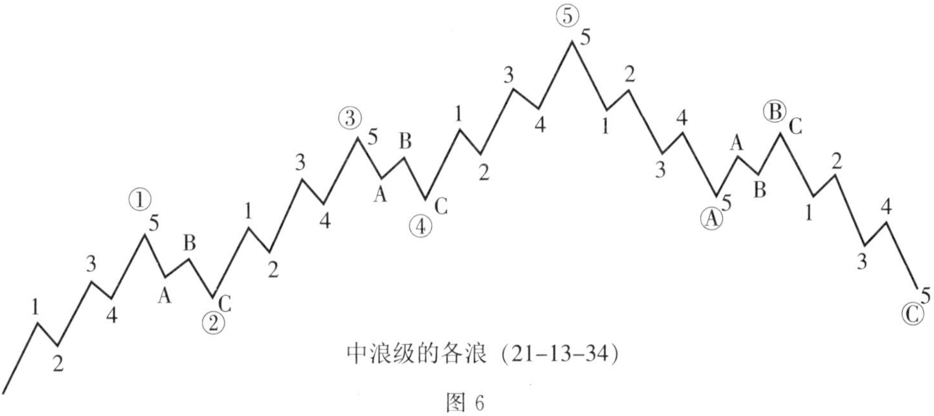

中浪级的各浪（21-13-34）

图 6

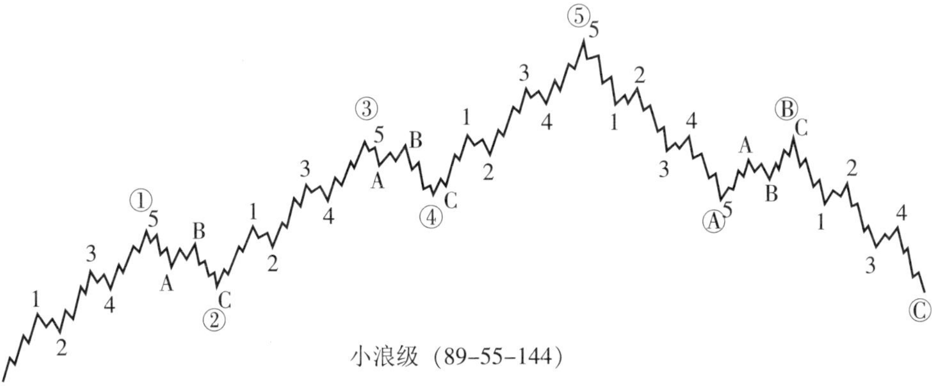

小浪级（89-55-144）

图 7

第五章 调整浪

1 在不考虑方向和规模的情况下，调整浪的模式是相同的。在牛市摆动中，调整浪向下或是横向的；在熊市摆动中，调整浪向上或是横向的。因此，无论是熊市还是牛市中的调整浪都可以绘制成图形。

在 21 页中的图 8 至图 10 应用于向上的摆动：图 11 至图 13 应用于向下的摆动，并且是“倒置”的。因此，无论“倒置”这种表述是否出现，都将应用在向下的主要趋势中。

2 在 19 页中的图形中注意 3 种浪级——大浪、中浪和小浪。同样的调整浪也有 3 种浪级，这是自然的。

3 有三种类型的调整浪——“锯齿形”、“平台形”和“三角形”。

锯齿形

趋势向上的调整浪

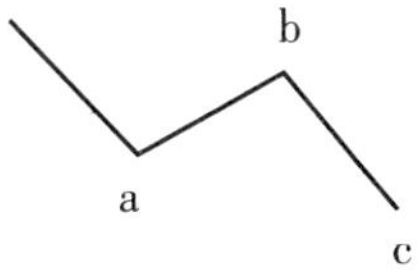

小浪（向上）

图 8

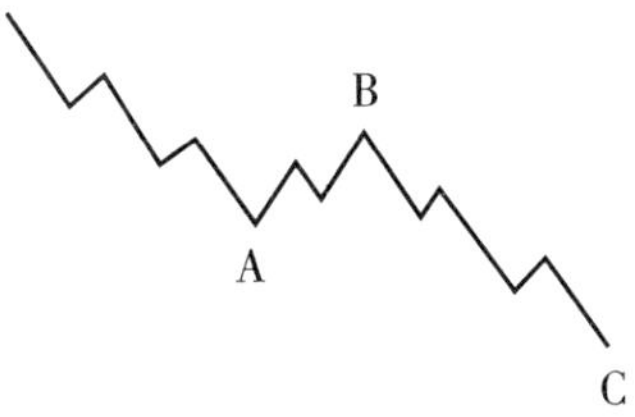

中浪（向上）

图 9

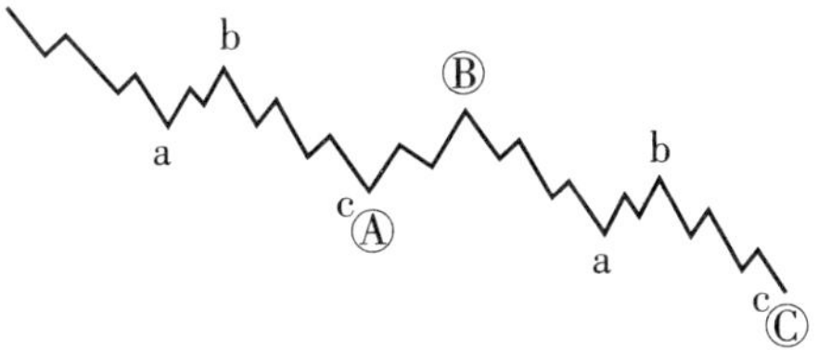

大浪（向上）

图 10

倒置，趋势向下的调整浪

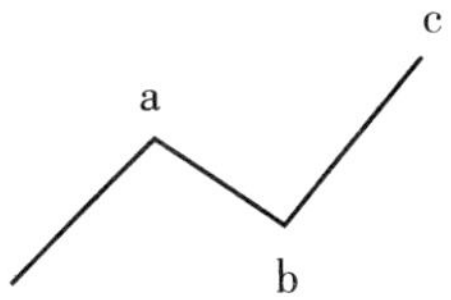

小浪（倒置）

图 11

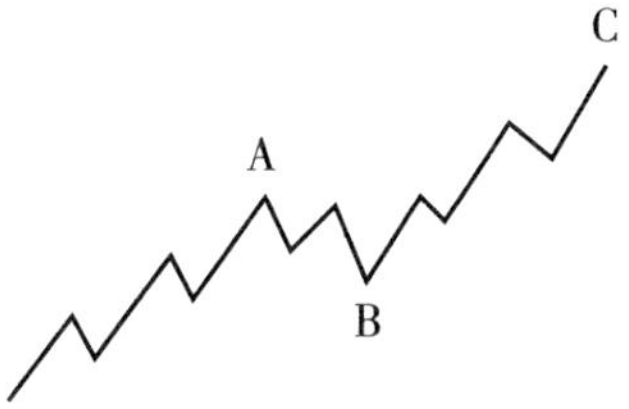

中浪（倒置）

图 12

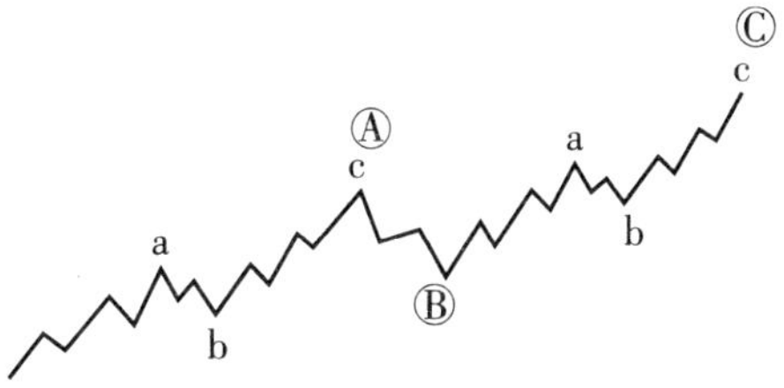

大浪（倒置）

图 13

平台形

1　23 页显示的是小浪级、中浪级和大浪级的“平台”调整浪，包括普通的（图 14 至图 16）和“倒置”的（图 17 至图 19）。这些图形命名为“平台”的原因在于它们通常的形态是“扁平”的。有时候它们会向上或是向下倾斜。

2　事实上，这种模式也可以称为“3—3—5”。在前面分析中它们是 3 浪模式，也就是 A 浪、B 浪和 C 浪；然而牛市模式是：

	5—3—5—3—5
对应浪	1　2　3　4　5

3　这个模式对应人类来说是 5—3—5—3，也就是：

躯干上有 5 个突出的部分——头、2 条胳膊和 2 条腿。

胳膊和腿细分为 3 节。

胳膊和腿的末端细分为 5 个手指或是 5 个脚趾。

每个手指或脚趾再次分为 3 部分。

4　无论倒置“平台”的 C 浪是否被拉长，仍旧属于调整浪。通过仔细阅读 39 页的第八章“交替”，就有可能知道拉长了的 C 浪何时会出现。

趋势向上的调整浪

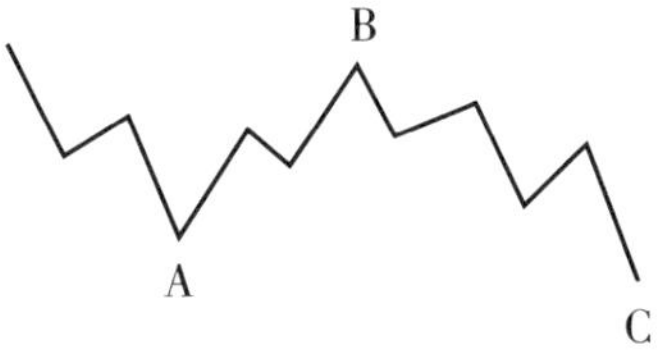

小浪

图 14

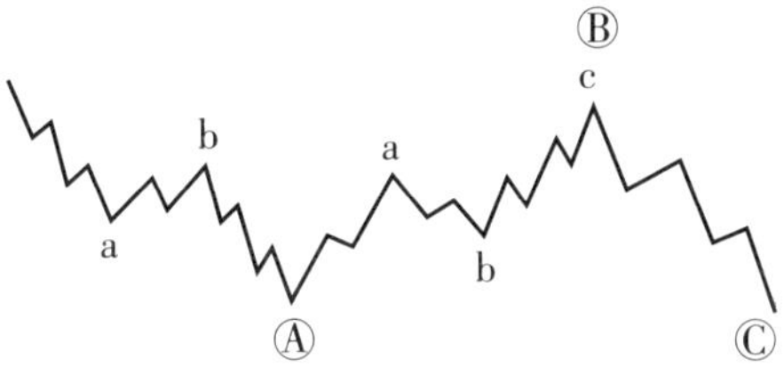

中浪

图 15

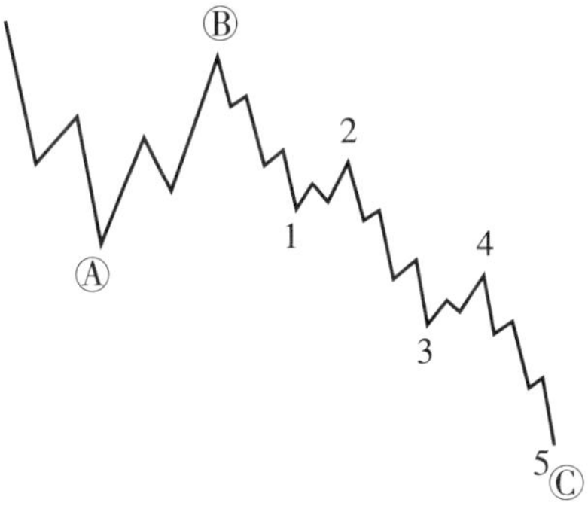

大浪

图 16

倒置，趋势向下的调整浪

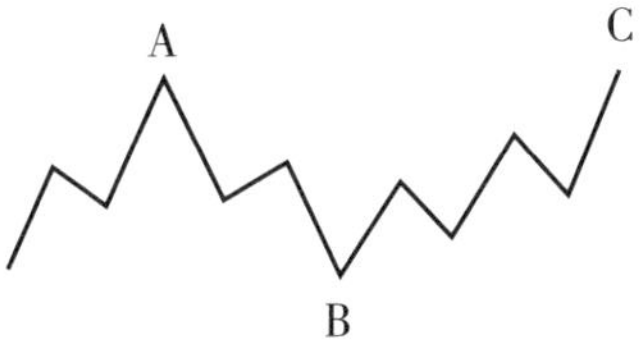

小浪（倒置）

图 17

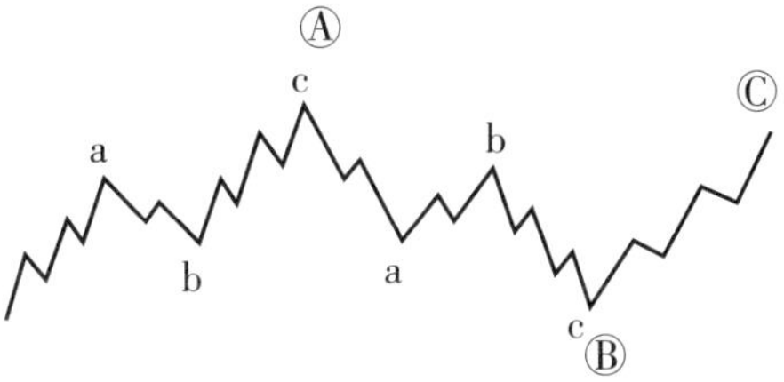

中浪（倒置）

图 18

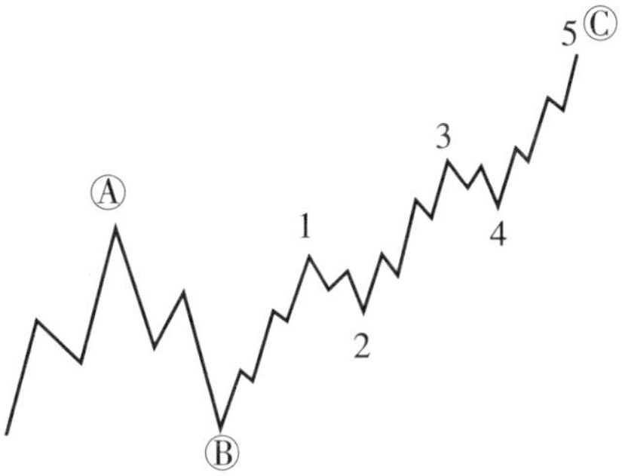

大浪（倒置）

图 19

复杂的调整浪

1 小浪级的调整浪由 3 个向下的浪组成，如图 20 和图 21 所示。

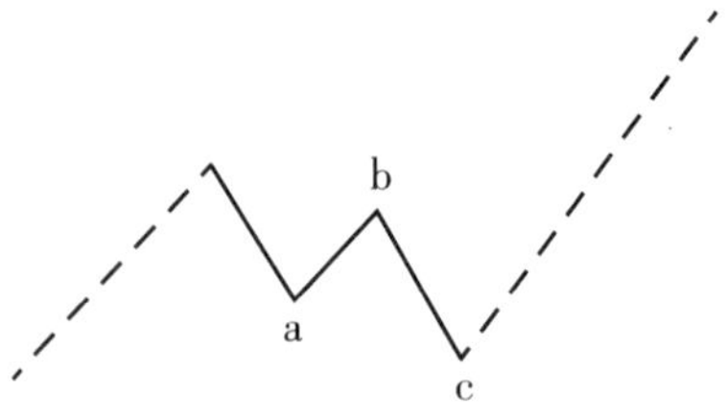

图 20

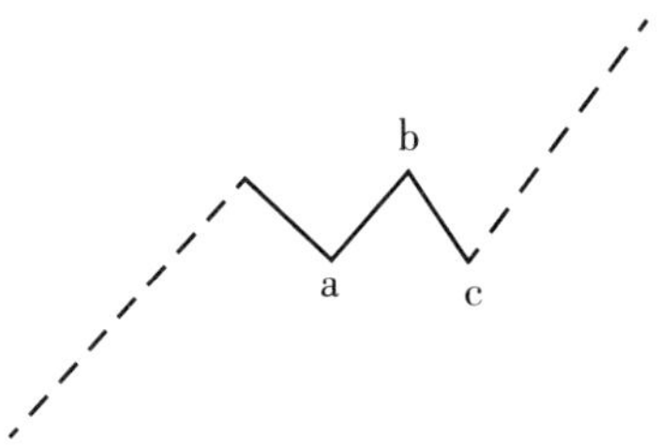

图 21

2 双重横向调整浪由 7 个浪组成，如图 22 所示。

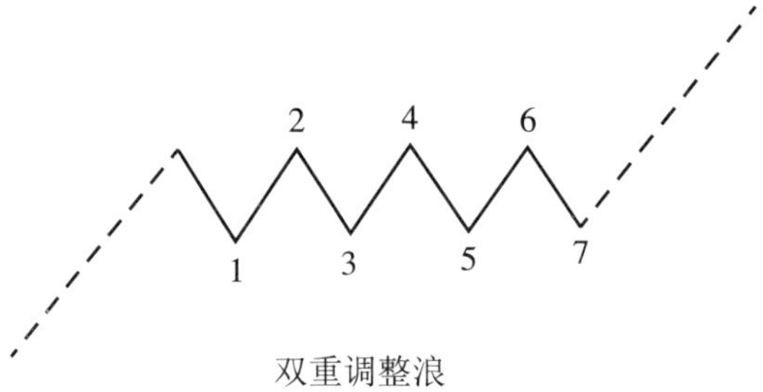

双重调整浪

图 22

3 三重横向调整浪由 11 个浪组成，如图 23 所示。

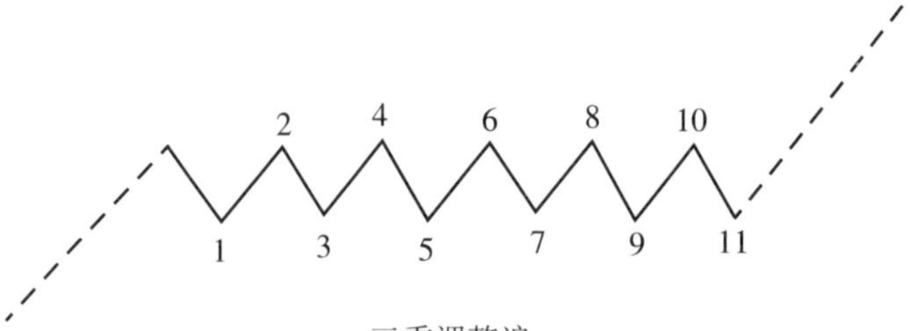

三重调整浪

图 23

1 换句话说，对于上涨趋势来说，横向调整浪总是以向下的浪结束，无论其组成是 1 个浪、3 个浪、7 个浪，还是 11 个浪。它们的命名如下：

3 个浪为“单 3 浪”；

7 个浪为“双重 3 浪”；

11 个浪为“三重 3 浪”。

2 数量相同的上升浪是调整浪，例如图 24 至图 26 所示。

图 24

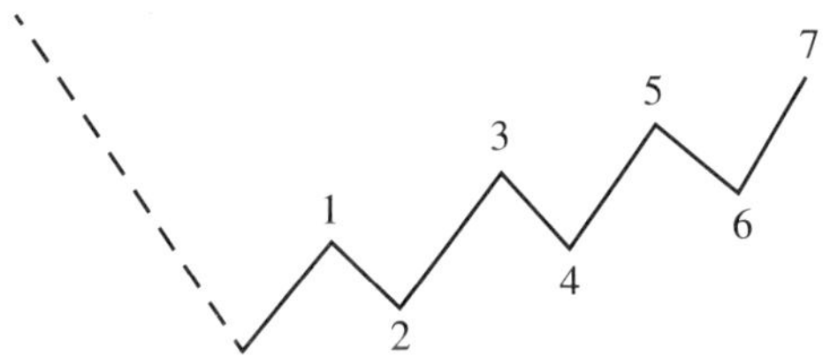

图 25

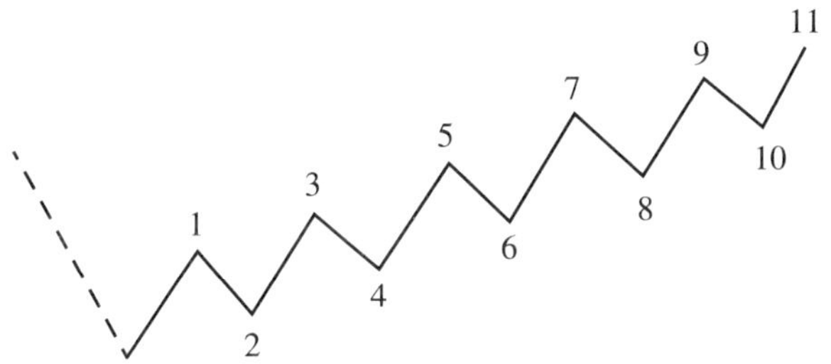

图 26

3 偶尔这些 3 浪在向上与横向时会混合；或是在向下与横向时混合，例如图 27 至图 30 所示。

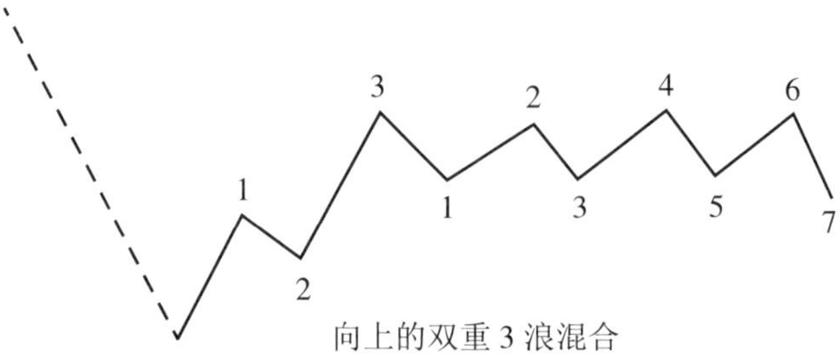

向上的双重3浪混合

图27

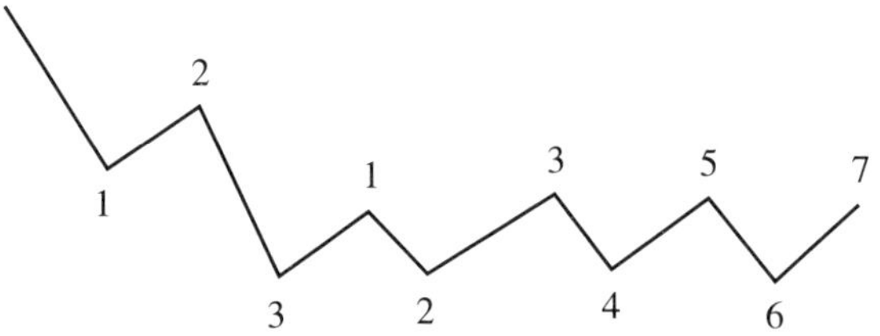

向下的双重3浪混合

图28

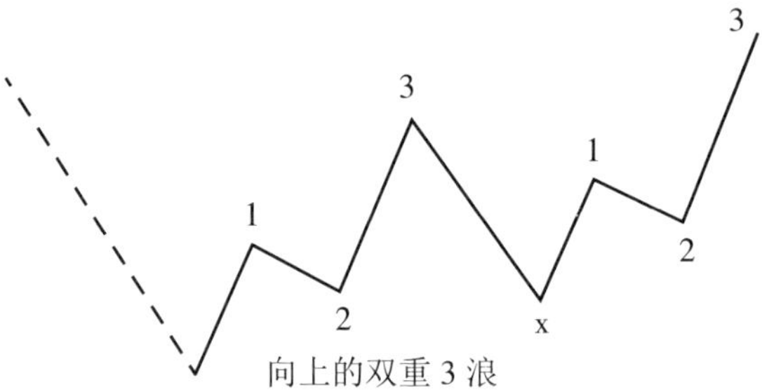

向上的双重3浪

图29

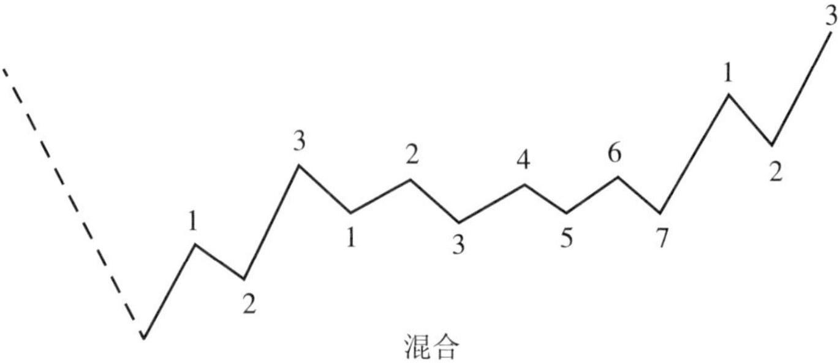

混合

图30

三角形

1　三角形由 5 个浪组成，更确切地说是 5 条腿。在大规模的类型中，每条腿都是由 3 个浪组成。如图 31 和图 32 所显示的。

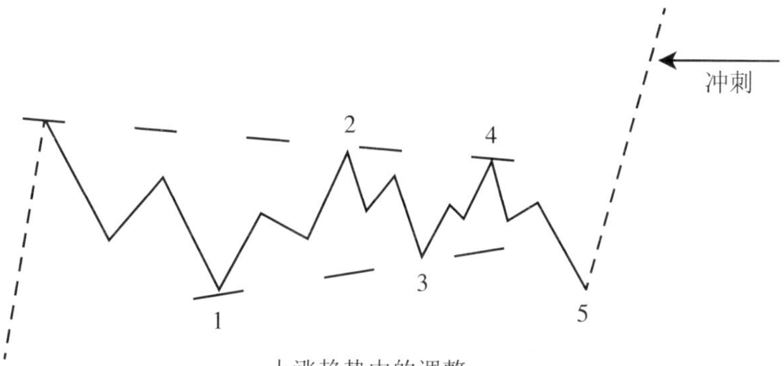

上涨趋势中的调整

图 31

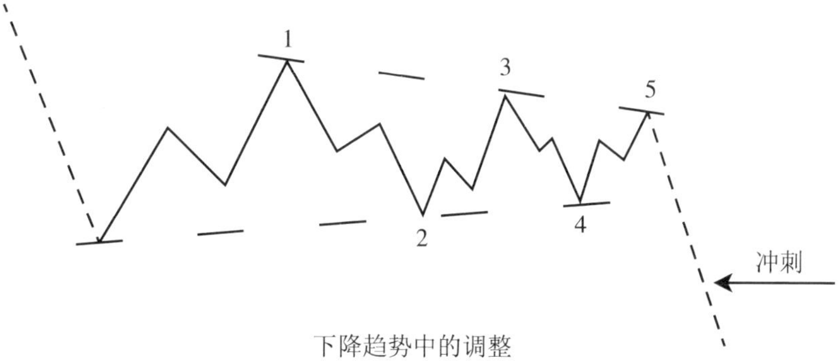

下降趋势中的调整

图 32

1　在中等规模的类型中，第 4 条腿和第 5 条腿可能由 1 个浪组成，例如图 33 所示。

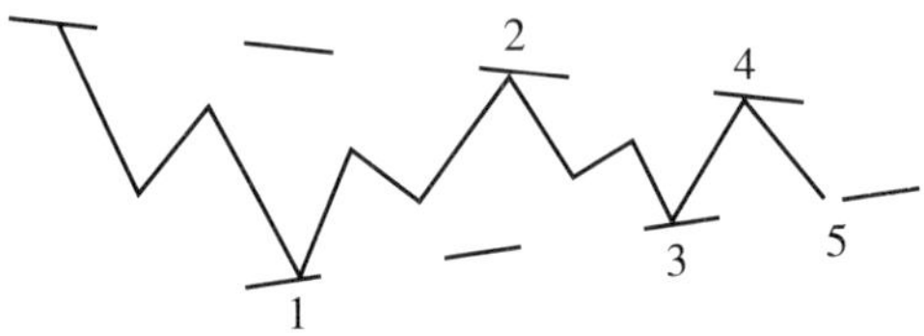

图 33

2　在非常小的类型中，这些腿通常只由 1 个浪组成。三角形结构的主要决定因素是轮廓，即通过顶部和底部绘制的直线。

3　在第 5 浪开始之前，研究者不能确定三角形正在形成。

4　有三种类型的三角形：

上升的底部和平行的顶部，如图 34 所示。

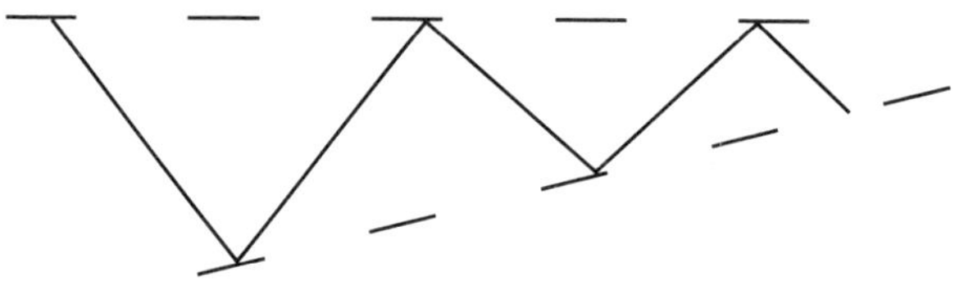

图 34

5　下降的顶部和平行的底部，如图 35 所示。

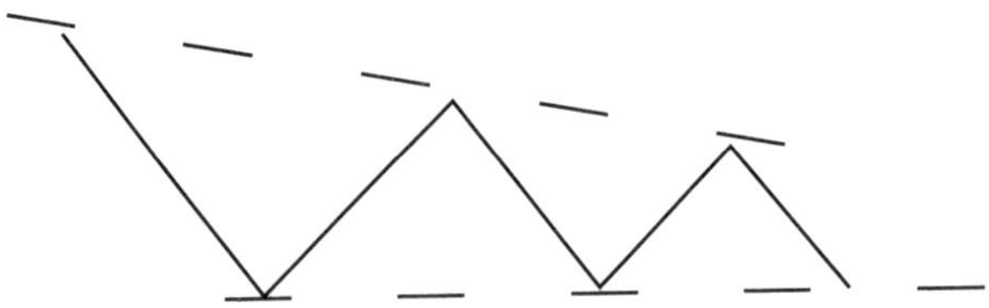

图 35

1　对称。下降的顶部和上升的底部，如图 36 所示。

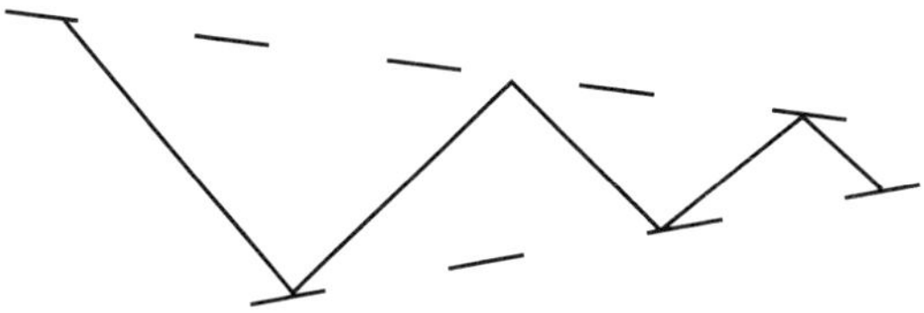

图 36

2　第 5 条腿可以在三角形的轮廓内或是轮廓外结束。如下面的图 37 和图 38 所示。

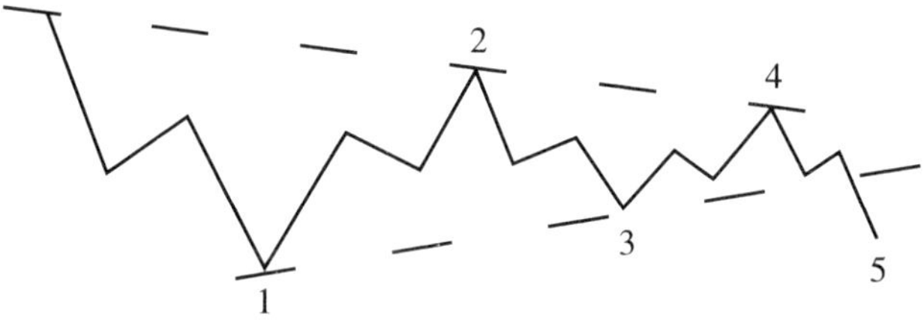

图 37

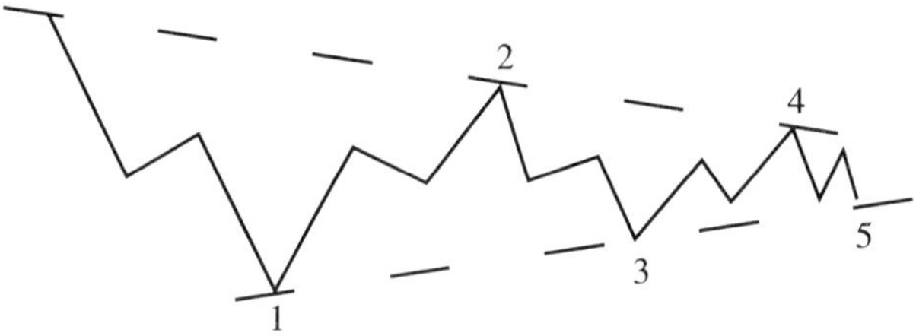

图 38

3　然而，第 5 条腿应当由 3 个浪组成，除非这个三角形非常小。有的时候，一个三角形仅仅持续了 7 个小时。最大的三角形是在 1928 年 11 月到 1942 年 4 月之间，总计 13 年。后面这个运动将在其他章中讨论。

4　三角形第 5 条腿结束后的运动被命名为“冲刺”。这个运动由 5 个浪组成，并且与三角形的第 2 条腿和第 4 条腿在同一个方向。

1 三角形并不是经常出现的。它们出现的位置总是在向上或是向下的任何浪级中的第 4 浪。如下面的图 39 和图 40 所示：

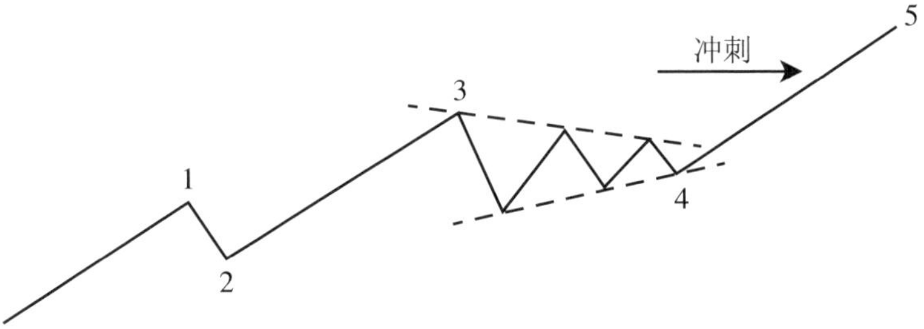

图 39

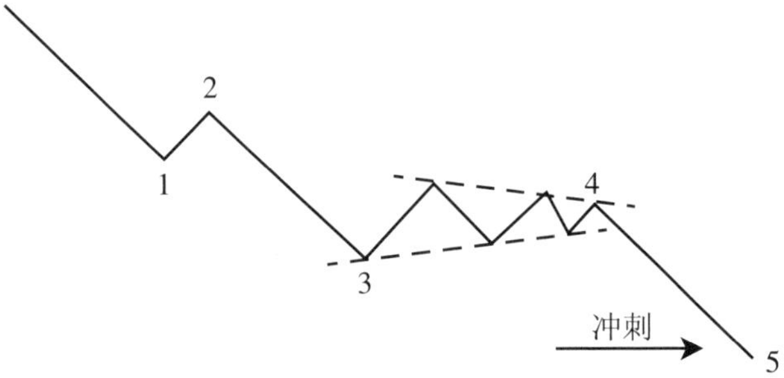

图 40

2 三角形之后的第 5 浪被称为“冲刺”，与第 1 浪和第 3 浪类似，都是由 5 个浪组成的。

3 就像前面的图形所显示的那样，第 5 浪超过了第 3 浪的顶部，如图 39；或是低于了第 3 浪的底部，如图 40。

第六章　延展浪

1　一个延展浪可以在 3 个驱动浪（浪 1、浪 3 和浪 5）中的任何一个中出现，但是永远都**不会多于 1 个**。例如 32 页中的图 41 至图 46。

2　我们将注意到，在每一个例子中，总共有 9 个浪。这是因为把延展浪数成了 5 个浪而不是 1 个浪。

3　在很少数的情况下，一个延展浪的运动将由 9 个规模相等的浪组成。例如 32 页中的图 47 和图 48。

4　延展浪仅仅出现在当前循环外的新区域，也就是它们不能作为调整浪出现。

5　延展浪会“双重回撤”，也就是一个调整浪会 2 次通过同一个区间，一次向下和一次向上。当延展浪出现在第 1 浪和第 3 浪的时候，我们就没有必要考虑这个特性；也就是只有当延展浪出现在第 5 浪的时候（我们才会考虑）。如果延展浪出现在第 1 浪，双重回撤将自动受到第 2 浪和第 3 浪的影响。如果延展浪出现在第 3 浪，双重回撤就会受到第 4 浪和第 5 浪的影响。请注意 33 页第 2 段落中的图 52 中的第 5 浪延展和随后的双重回撤。

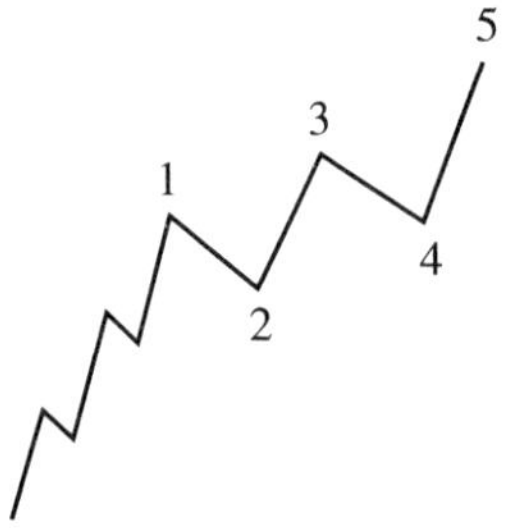

图 41

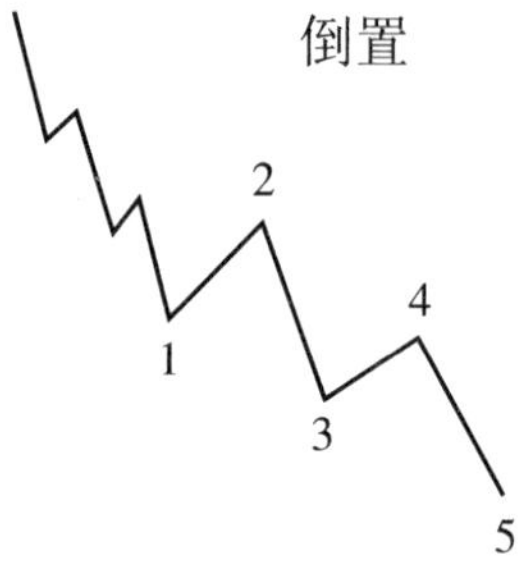

图 44

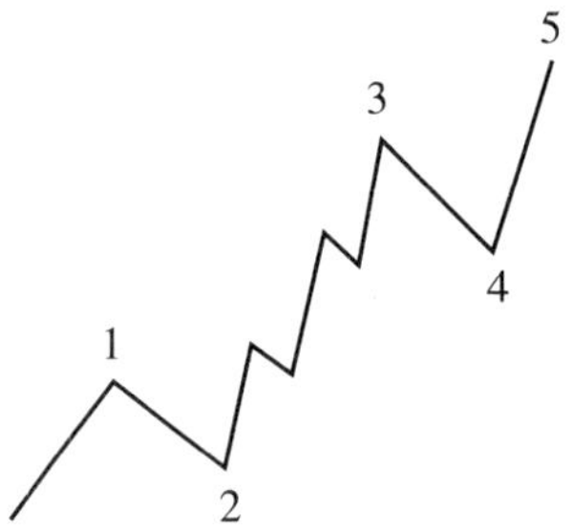

图 42

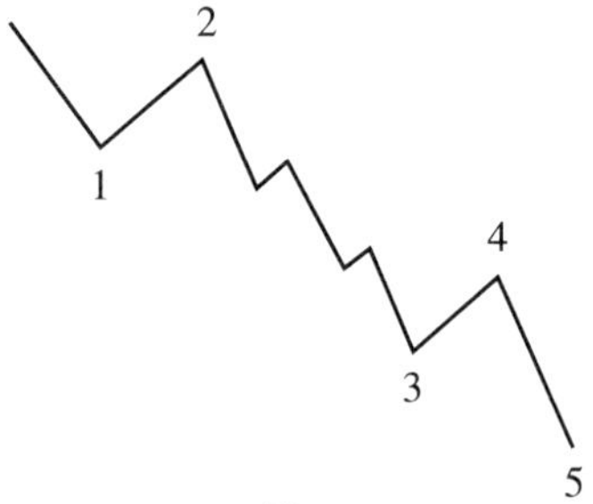

图 45

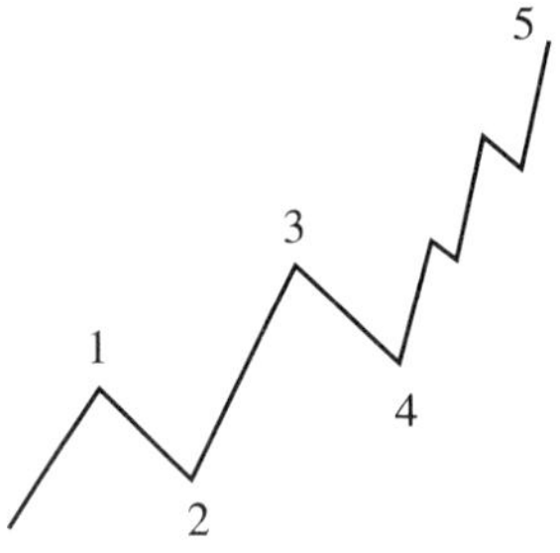

图 43

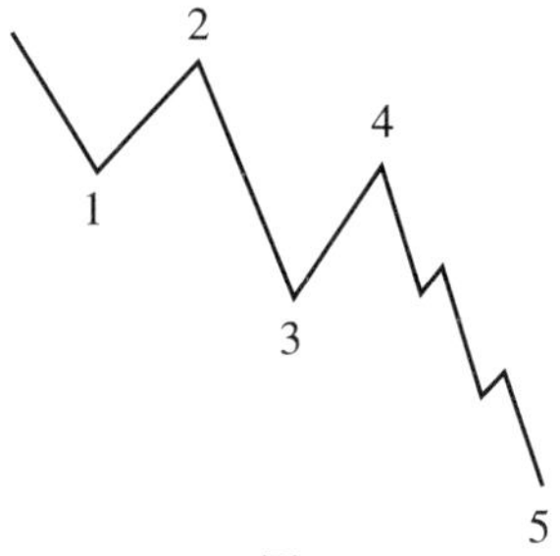

图 46

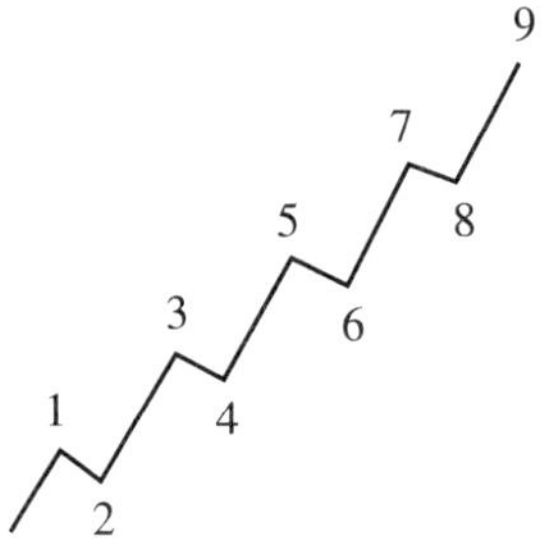

图 47

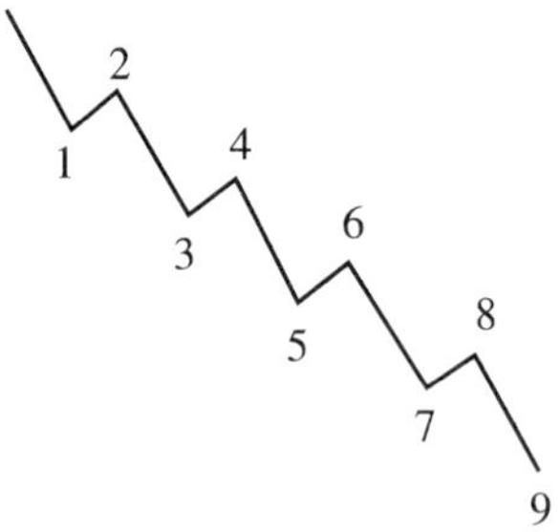

图 48

延展浪中的延展浪

1 延展浪中的浪 1 延展　　延展浪中的浪 3 延展　　延展浪中的浪 5 延展

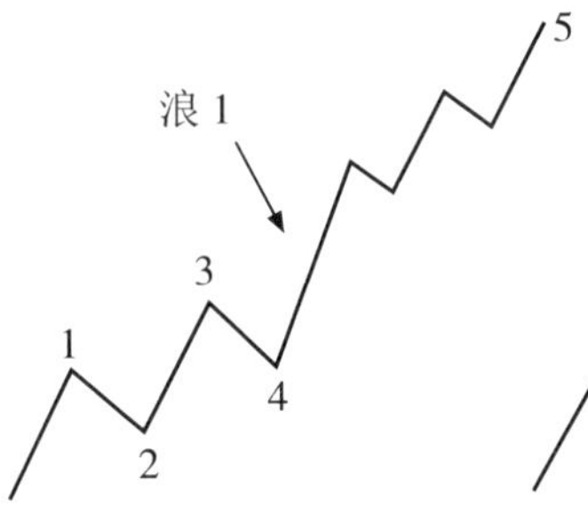

图 49

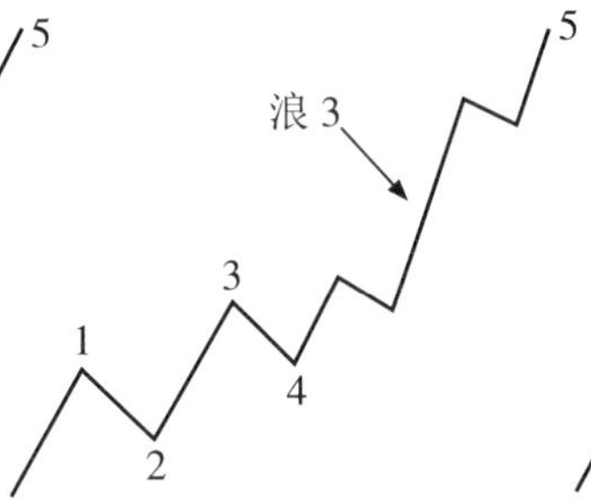

图 50

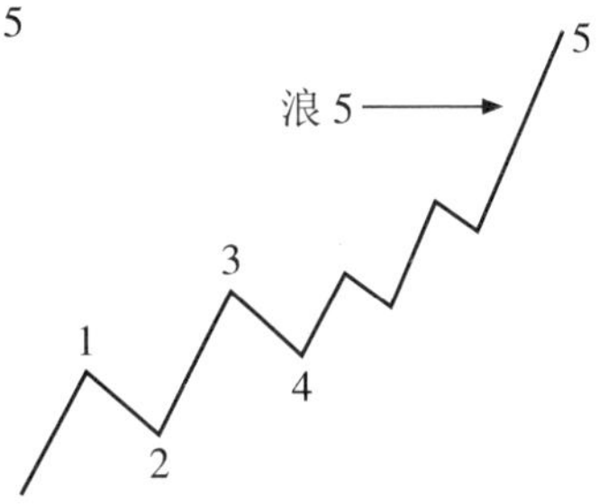

图 51

2 第 5 浪为延展浪与双重回撤。

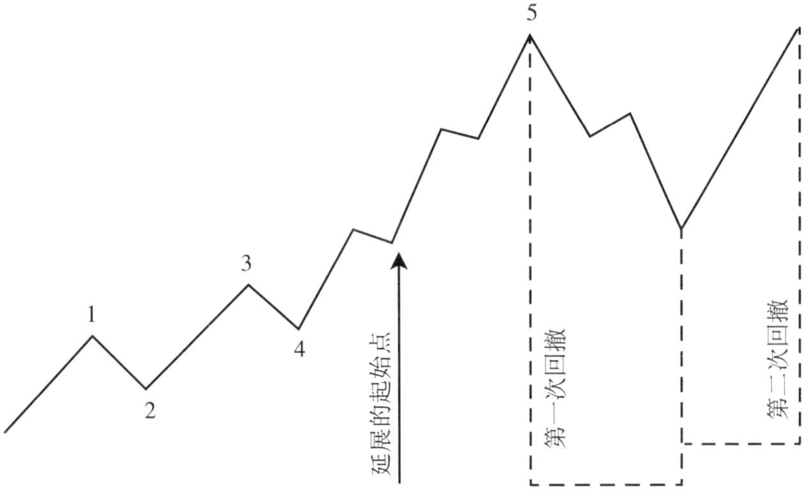

第 5 浪延展与双重回撤

图 52

1　1、3 和 5 这 3 个驱动浪长度相同的时候很少。3 个浪中的一个浪通常要比其他 2 个浪长很多。要注意非常重要的一点，第 3 浪永远不会同时短于第 1 浪和第 5 浪，正确的数浪方法参见在下面的图形：

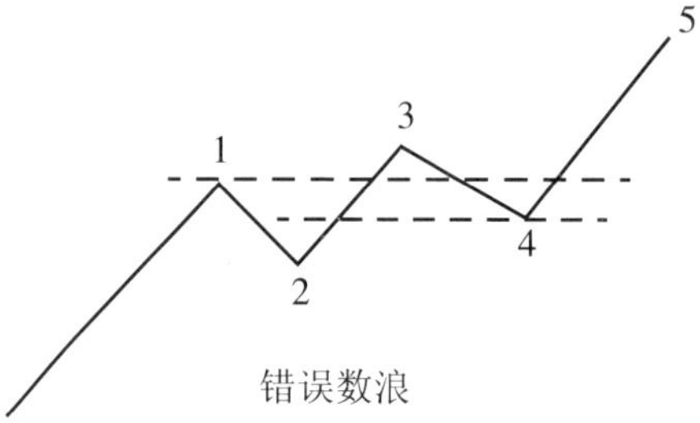

错误数浪

图 53

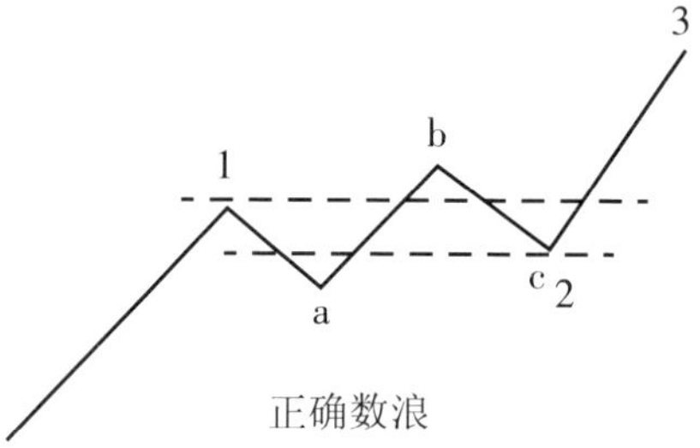

正确数浪

图 54

2　要注意，第 4 浪和第 1 浪不会重叠。重叠是指第 4 浪结束时低于第 1 浪的顶部。

“倒置”这种类型的应用如下所示：

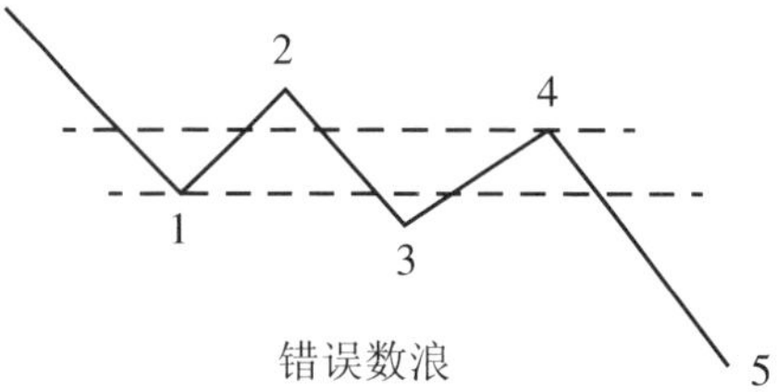

错误数浪

图 55

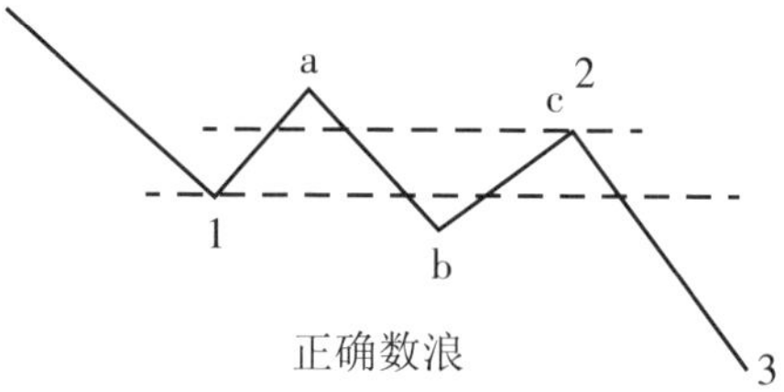

正确数浪

图 56

3　如果一个延展浪的浪级非常小，回撤就会立即出现。如果是中浪级和大浪级的延展浪，双重回撤要到上涨结束后才会出现。当一个运动以高速运行时，就会以几乎相同的速度在相同区域进行反向回撤。

调整浪的放大

1　为了知道第一次的向上运动究竟是由 3 个浪还是 5 个浪组成的，我们绘制的日线图形（最高价和最低价）就非常重要。周线的图形有可能不能揭示这个事实。例如：在图 57 和图 58 中，我们同时用日线和周线显示同一个倒置的平台。

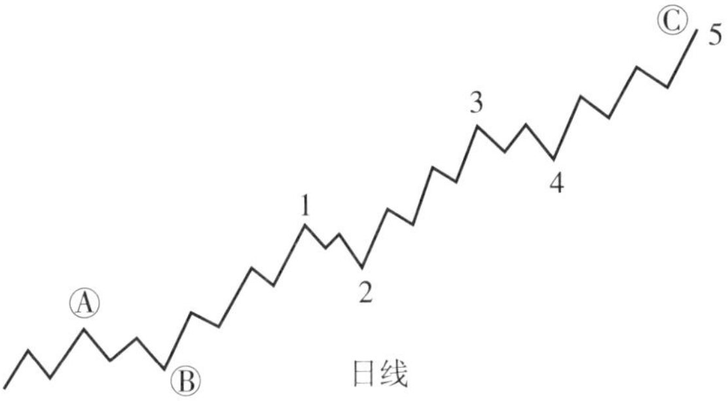

图 57

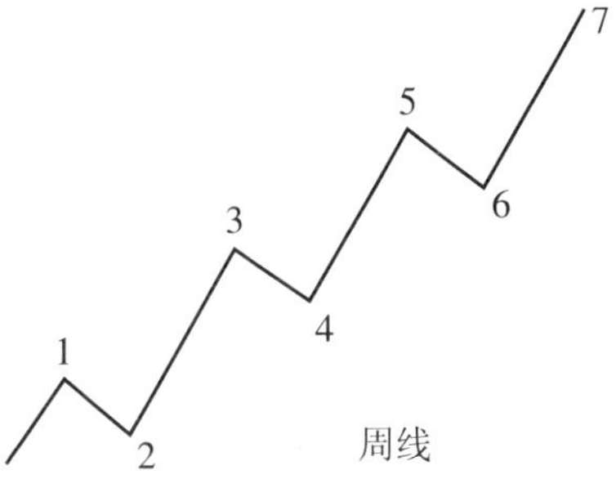

图 58

2　注意到周线图形上，第一个上升浪的精确构成并没有得到揭示，因此研究者可能错误地假设这个上升浪在日线上是由 5 个浪组成的。周线上的一个倒置平台将会被认为是由 7 个浪组成的，然而它的确是一个倒置平台，也就是Ⓐ浪、Ⓑ浪和Ⓒ浪（1，2，3，4，5），如图 58 所显示的那样。再参看 77 页，尤其是第 2～7 自然段。

1 类似的表现还可能出现在“锯齿形”的调整浪中。锯齿形不会出现延展；但是可以这样说，锯齿形可能扩大或是倍增。注意下面“锯齿形”的图形。

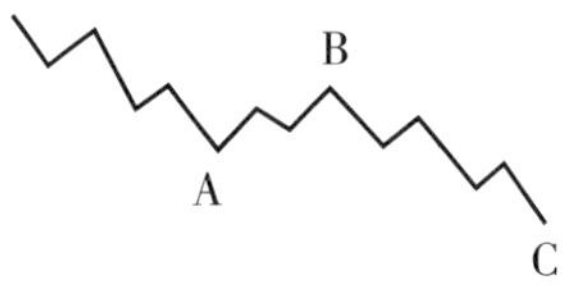

日线级别——单锯齿形

图 59

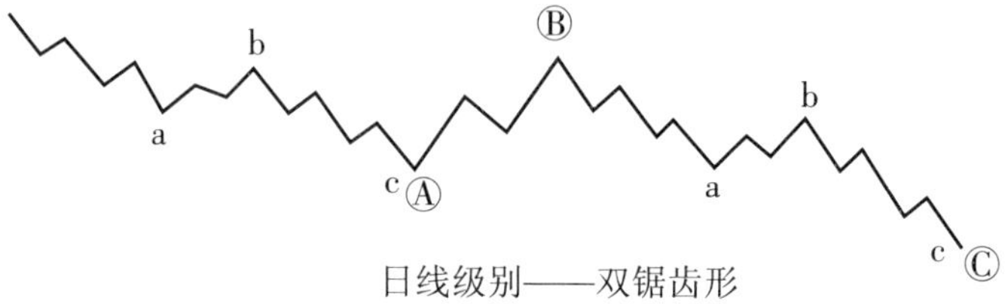

日线级别——双锯齿形

图 60

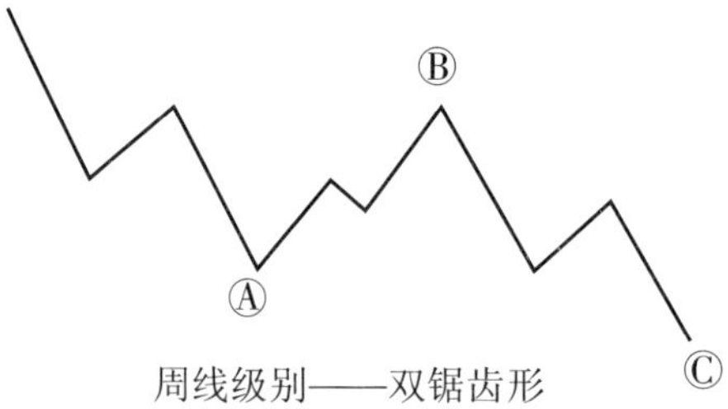

周线级别——双锯齿形

图 61

2 无论是单锯齿形还是双重锯齿形，其调整时的特征都是一样的。

横向运动

1　正如我们所注意到的那样，所有的调整运动无论属于什么浪级都是由 3 个浪组成的（图 62 至图 65）。横向运动也遵循相同的行为，因此具有相同的特征——调整。随后的图形显示了 2 种上涨之后横向运动。

主要趋势向上

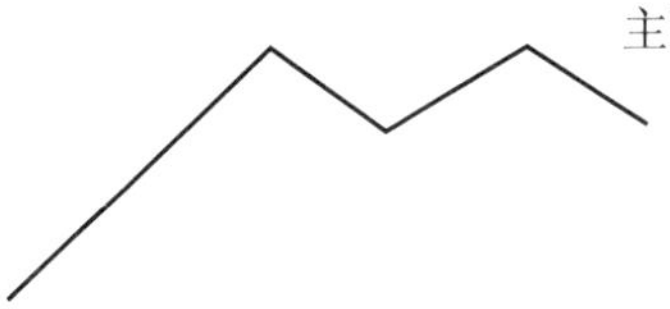

图 62

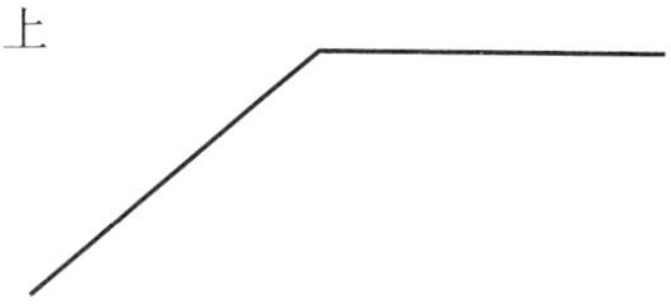

图 63

主要趋势向下

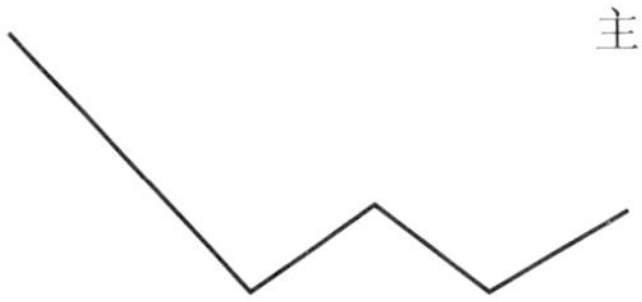

图 64

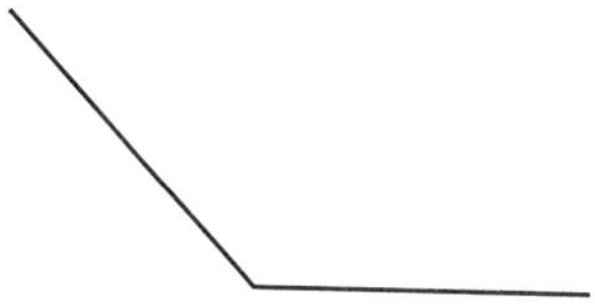

图 65

第七章　不规则顶

1　一个运动超过了第 5 个浪的顶部（正规顶）就是一个“不规则”顶。假设下面的图形是大浪级的上升 5 个浪。第 5 浪的顶部就是“正规”顶（OT）。第一次运动是从“5”向下的 3 个浪并用字母Ⓐ标记。第二次运动就会向上并超过标记为“5”的顶部，这个运动用字母Ⓑ标记。如同浪“A”一样，浪“B”也是由 3 个浪组成。接下来的向下运动将会是由 5 个浪组成，并用字母标记为Ⓒ。

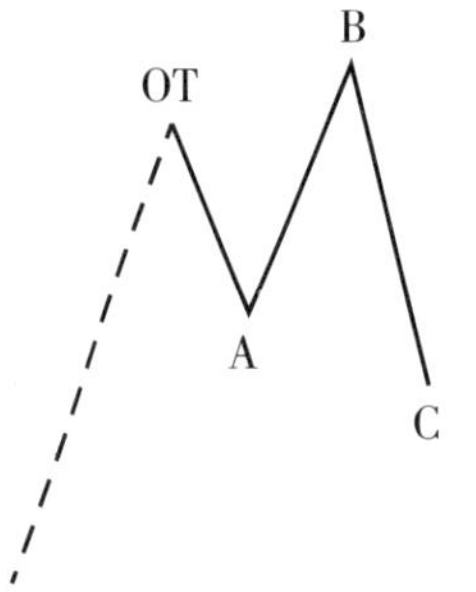

图 66

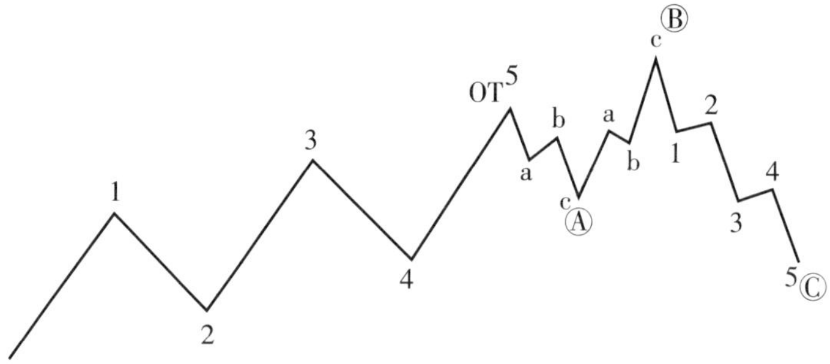

图 67

2　浪Ⓐ、浪Ⓑ和浪Ⓒ一起构成了一个调整浪，尽管浪Ⓑ的结束点可能高于第 5 浪。1928 年 11 月至 1932 年 7 月期间，就曾出现过这样的情形。对这个特征的完美理解非常重要。如果浪Ⓐ是一个简单的锯齿形，浪Ⓑ就会是一个倒置的平台。这是交替规则发出警示的一个例子。“交替”这个主题在 39 页的第八章。

第八章　交替

“两件事情或是一系列事情轮流出现或依次发生作用。”

——字典

1　交替是一种自然法则。

2　树叶和树枝总是先在主干的一面出现，随后在另外一面出现——交替它们的位置。

3　人身体的构成也遵循同样的规则：

第一，躯干上有5个突出部分，头、胳膊和腿，一共是5。

第二，腿和胳膊分成3节。

第三，腿和胳膊的末端有5个脚趾或手指。

第四，脚趾和手指分成3节。

因此是5—3—5—3。

4　我们有无穷无尽的例子可以引用，但是这里讨论的目的是人类活动的交替习惯。

5　牛市和熊市的交替。

一轮牛市由5个浪组成；而一轮熊市由3个浪组成。因此是5和3的交替。同样的规则支配所有的浪级。

6　一轮牛市由5个浪组成。浪1、浪3和浪5是向上的；浪2

和浪 4 是向下的或是横向的。因此是奇数和偶数的交替。

1　浪 2 和浪 4 是调整浪。这两浪的交替体现在模式上。如果浪 2 是“简单”的，那么浪 4 就是“复杂”的。反之亦然。较小浪级的“简单”调整浪由 1 个向下的浪组成；“复杂”的由 3 个浪组成，向下或是横向。

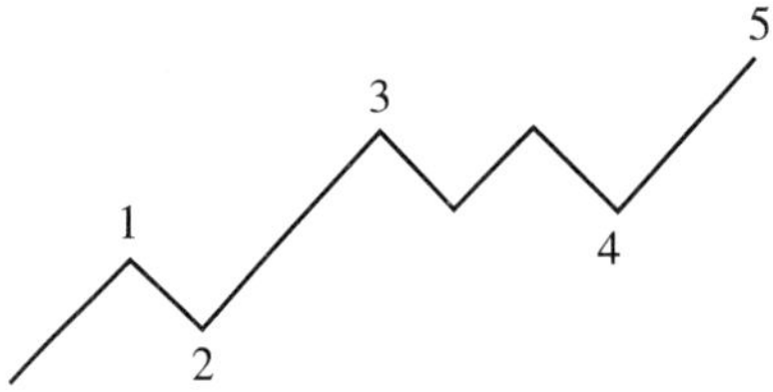

图 68

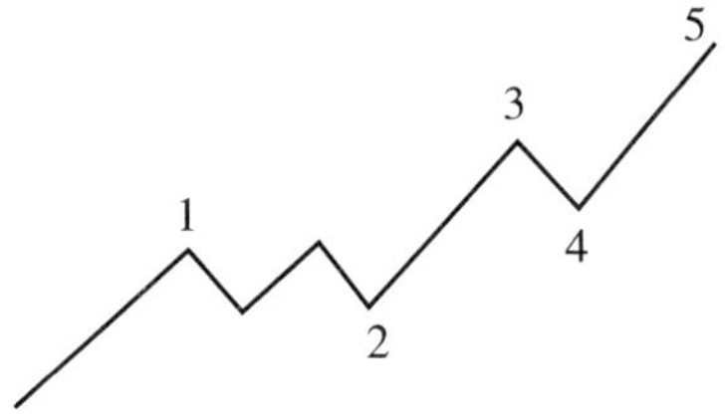

图 69

2　在较大的浪级，例如完整的牛市和熊市，调整浪也会相应变大。在为最终的向下摆动做准备的过程中经常会非常沉闷。首先是一个相对重要的向下运动，我用大写字母“A”来标注。随后是向上的摆动并标注为浪“B”。第三次也就是最后一次向下的运动就是浪“C”。浪“A”可能是“锯齿形”模式。在此情况下，浪“B”就是倒置的“平台形”。如果浪“A”是“平台形”，那么浪“B”就会是倒置的“锯齿形”。不管是哪种情形，浪“C”都是由向下的 5 个浪组成，并且非常剧烈，下跌会接近前一轮牛市的起始点。因此，浪“A”和浪“B”是交替。（道琼斯工业股平均指数）从 1928 年的 11 月至 1938 年的 3 月 31 日，是一个“平台形”调整；从 1938 年 3 月 31 日至 1939 年 10 月是“锯齿形”（倒置）；从 1939 年 10 月至 1942 年 5 月是一个“平台形”。

3　“不规则”顶就是浪“B”超过了先前牛市第 5 浪的顶部，参见 38 页的解释。甚至这样的情形也会交替。1916 年的顶部是“不规则”的；1919 年的顶部就是“正规”的；1929 年是“不规则”的；1937 年是“正规”的。

1　截止到1906年，铁路股指数引领向上运动。随后的34年（FSS，斐波纳契加法数列中的数字），也就是从1906年到1940年是工业股指数引领向上运动。1940年后，铁路股指数再次成为领涨者。

第九章　刻度

半对数和算术

1　不是选择算术刻度就是选择对数刻度，并就此作为一般性的惯例是错误的。这样就不会去研究它们的价值和实用性了。我们一般要采用算术刻度，除非是需要采用对数刻度。

2　在一轮 5 浪的上升中，“基线”沿着第 2 浪和第 4 浪的结束点绘制，然后沿着第 3 浪的结束点画平行线。例如图 70。

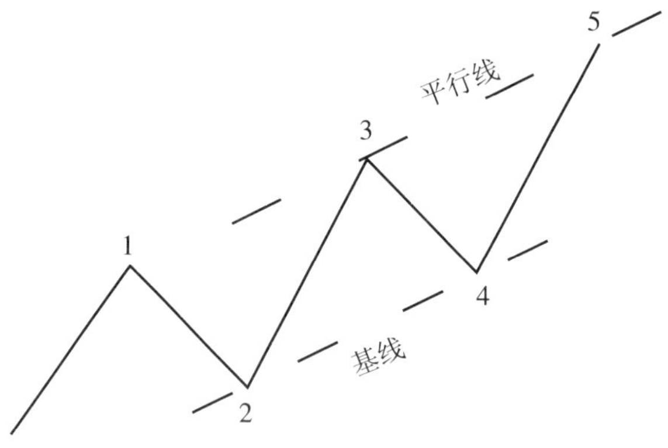

图 70

3　当采用算术刻度的时候，第 5 浪通常会在平行线附近结束。然而，如果第 5 浪大大超过了平行线，并且第 5 浪的构成表明还没有完成它的模式，那么从浪 1 开始的所有运动都将采用半对数刻度重新绘制。在新的刻度下，第 5 浪可能到达，但不能超过平行线。例如：如果将相同的数据绘制在两种刻度上，就会如图 71 和图 72 所示的那样了。

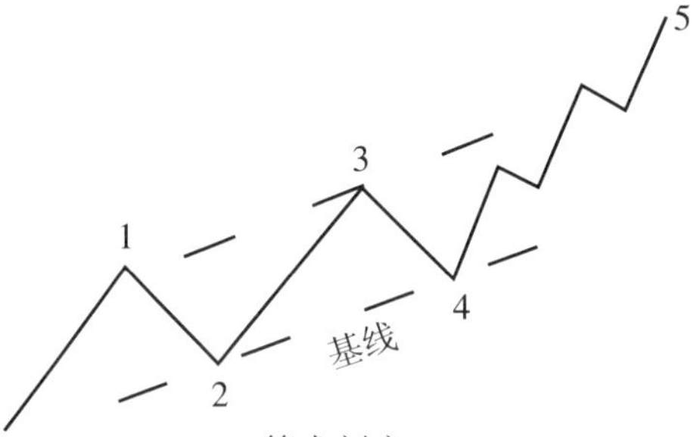

算术刻度
图 71

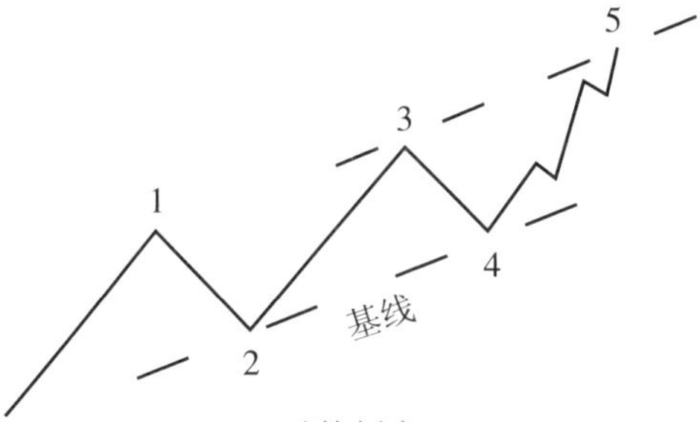

对数刻度
图 72

1　当半对数刻度成为必需时，膨胀就出现了。如果采用了半对数刻度而膨胀并没有出现，第 5 浪就不会到达平行线，并且会距离平行线很远。如图 73 所示：

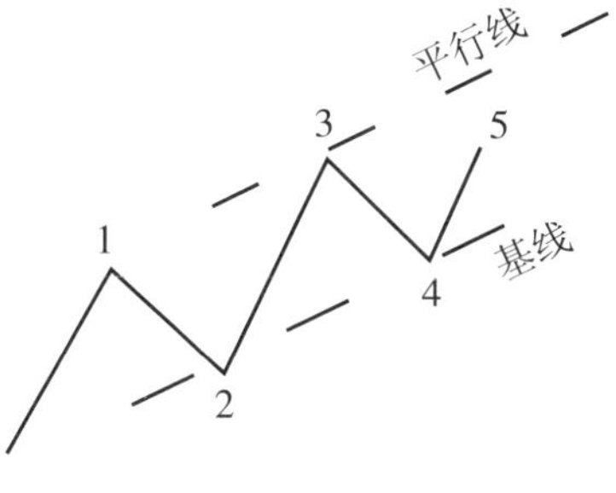

图 73

第十章　实例

1　前面几页关于自然法则的说明将有助于理解下面的图形：

2　图 74 是埃克斯－霍顿－伯吉斯指数（Axe－Houghton－Burgess Index）1857～1932 年的示意图，采用半对数刻度绘制。注意从 1857 年到 1928 年 11 月的这 5 个浪，这是能够记录的最大浪级。注意基线沿着第 2 浪和第 4 浪绘制，平行线沿着第 3 浪绘制。第 5 浪在 1928 年 11 月触及到了平行线。这轮运动整体上是膨胀的。因此，半对数刻度就是必须的。然而，算术刻度在绘制几个单独的牛市时也是必须的。注意：从 1932 年开始的下跌正好到达第 5 浪 1896 年的起始点。

3　图 76 是图 74 中第 5 浪的细节。从 1896 年到 1928 年，采用的是半对数刻度，并被分成了下一个浪级的 5 个浪①。

---

①　译注：图 75 是埃克斯—霍顿—伯吉斯指数 1800～1950 年的走势示意图，图中显示该指数走了 5 个大浪：浪①为 1800～1850 年；浪②为 1850～1857 年；浪③为 1857～1929 年，其中图 74 是该大浪的细结构，浪④为 1929～1942 年，呈现典型的三角形走势；浪⑤从 1942 年开始，艾略特先生预计至少要到 1950 年。

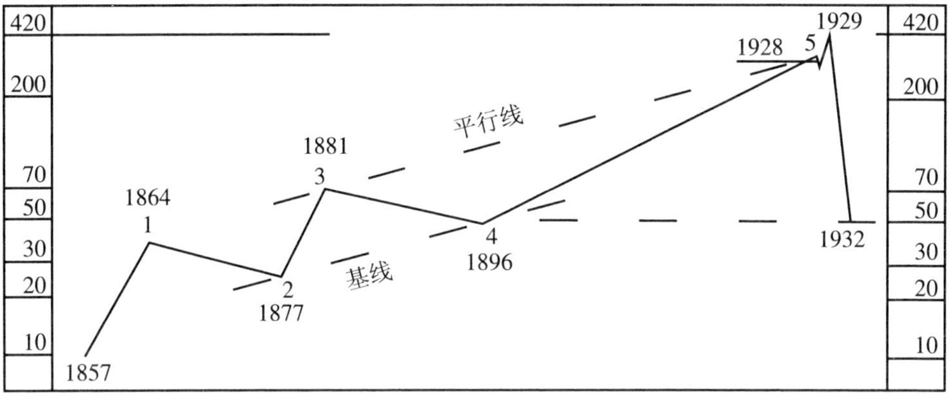

图 74

参看 107 页的第 4 自然段

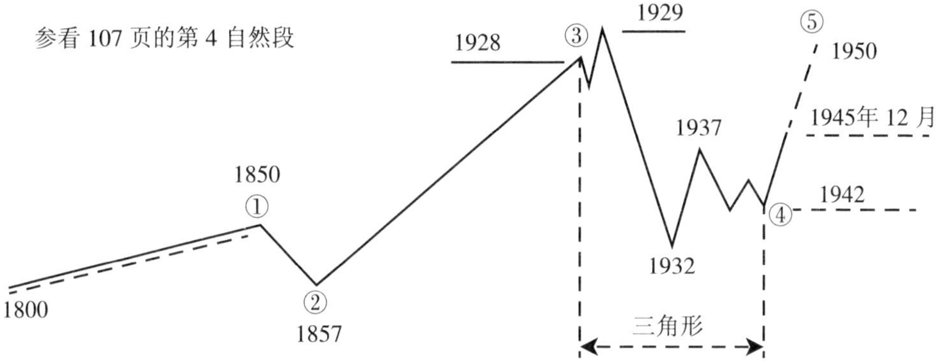

图 75

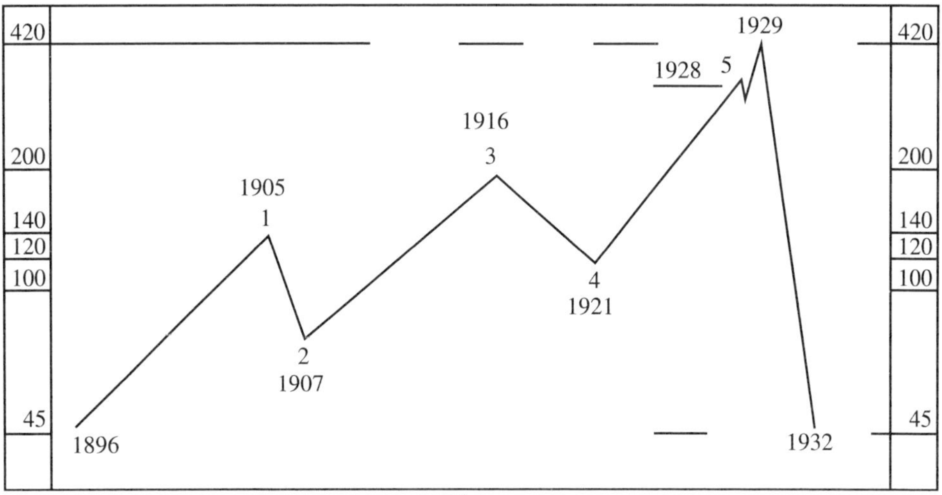

图 76

1　图 77 是道琼斯工业股指数 1921～1928 年的图形，采用半对数刻度绘制。注意：基线是沿着第 2 浪和第 4 浪绘制的，平行线是沿着第 3 浪绘制的，第 5 浪正好触及同一条线。

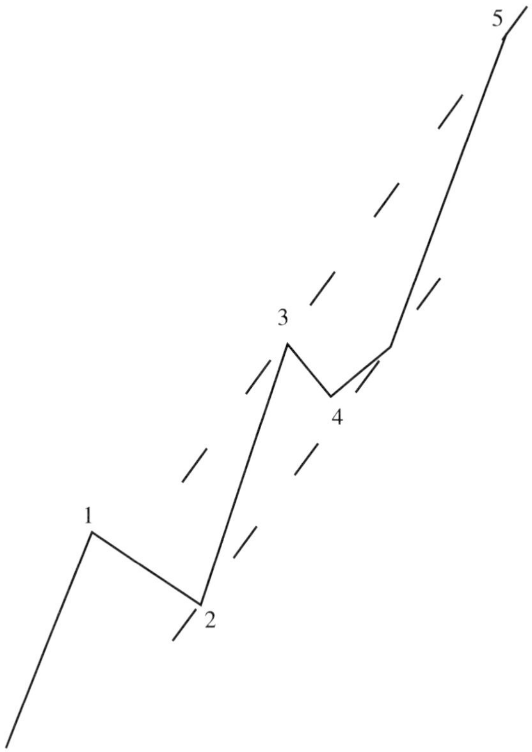

图 77

2　1857～1928 年的运动由 5 个浪组成，如 45 页所示。浪 5 从 1896 年开始，这个位置也是 1929～1932 年期间下跌的最低点——换句话说，一个正常的调整浪。

3　第 5 浪从 1896 年开始，并细分 5 个浪。如 45 页所示。

这轮运动中的第 5 浪从 1921 年开始，再次分成了 5 个浪，如图 77 所示。换句话说，从 1857 年开始的整个运动被细分了三次。

1 缺乏过去历史的知识导致出现“大萧条”（The Great Depression）这种错误的表达方式。因此（我）在这里和其他活动中要强调历史的至关重要性。

2 道琼斯工业股平均指数采用算术刻度绘制，而且浪 1 和浪 3 的幅度再次为浪 5 的 62%。参看 50 页的图 78。

3 从 1857 年到 1928 年，有 7 个牛市和 6 个熊市，总数为 13（FSS，斐波纳契加法数列中的数字）。从 1857 年到 1928 年中的所有牛市在各方面都是正常的[①]。记住，从 1921 年到 1928 年，有 3 个牛市和 2 个熊市，而不是 1 个牛市。2 个熊市是低于正常的。

4 时间因素非常重要，因为它确认并遵循模式。例如：从 1928 年到 1942 年是 13 年（FSS，斐波纳契加法数列中的数字）；从 1937 年到 1942 年是 5 年（FSS，斐波纳契加法数列中的数字），同时结束。从 1928 年到 1942 年所有的运动是一种模式——三角形。这个三角形的每一浪都是前一浪的 62%。所有的三种要素，模式、时间和比率都非常完美，并且与斐波纳契加法数列一致。参看 50 页的图 78 和图 79。

5 在前几页中已经解释了自然法则。斐波纳契加法数列中的数字应用在三个途径：

波浪数；

时间（日数、周数、月数和年数）；

斐波纳契加法数列中数字的比率，62% 应用在所有地方。

① 译注：各方面是指涨跌幅的比率、规律、时间、数字等均符合自然法则。

第十一章 13年的三角形

时间因素

1 1928年11月的正规顶为299点；1932年的底部为40点，净运行了259个点。1932年到1937年期间，从40点运行到了195点，净运行了155个点。155与259的比率为60%。

2 从1928年11月的正规顶到1932年7月是13年三角形的浪①；从1932年7月到1937年3月是这个三角形的浪②，如50页图78所示。从1937年3月到1938年3月是这个三角形的浪③。

3 1937年3月，指数运动到了195点，这是因为其他的原因而不是模式、比率和时间这三种因素。从1921年到1928年的上涨是从1896年开始的第5浪的延展浪，如33页图52所示，一个延展浪的“双重回撤”。1929年9～11月期间下跌到195点是第一次回撤的一部分。1932年到1937年期间，从40点上涨到195点完成了双重回撤。请注意，指数在1929年11月和1937年3月精确地到达了195点。参看50页的图78。

4 有必要强调，从1932年到1937年，155个点的运动幅度并不是一个典型的牛市。它的范围受到前面描述过的三种强大的技术力量驱动，也就是：

(A) 从 1928 年 11 月到 1932 年下跌到 40 点的运动需要 62%比率的恢复。

(B) 要完成 1921～1928 年延展浪的双重回撤。

(C) 时间因素，60 个月，也就是 5 年。

(D) 模式。

实际上，这个运动服从了 4 个必须的要求：波浪模式、幅度、双重回撤和时间，所有这些都完全基于斐波纳契加法数列。

1 从 1928～1942 年的这个 13 年三角形由如下 3 种模式组成：

1928 年 11 月至 1938 年 3 月，“平台形”（三角形的浪①、浪②和浪③）。

从 1938 年 3 月至 1939 年 10 月，倒置的“锯齿形”，三角形的浪④。

1939 年 10 月至 1942 年 4 月，“平台形”，三角形的浪⑤。注意模式的交替，“平台形”、“锯齿形”和“平台形”。

2 很多相似的其他例子可以被引用。

3 幅度的比率。在 1921～1928 年期间，上涨中的浪①和浪③的幅度为 98 个点，浪⑤的幅度为 160 个点，比率为 62%。

4 注意 50 页图 78 和图 79 上穿越底部的横线。

1921 年（膨胀开始）到 1942 年（膨胀结束）为 21 年(FSS，斐波纳契加法数列中的数字)。

1921～1929 年	8 年	13 年的 62%。
1921 年 7 月至 1928 年 11 月		89 个月。
1929 年 9 月至 1932 年 7 月		34 个月。
1932 年 7 月至 1933 年 7 月		13 个月。
1933 年 7 月至 1934 年 7 月		13 个月。
1934 年 7 月至 1937 年 3 月		34 个月。
1932 年 7 月至 1937 年 3 月		60 个月——5 年。

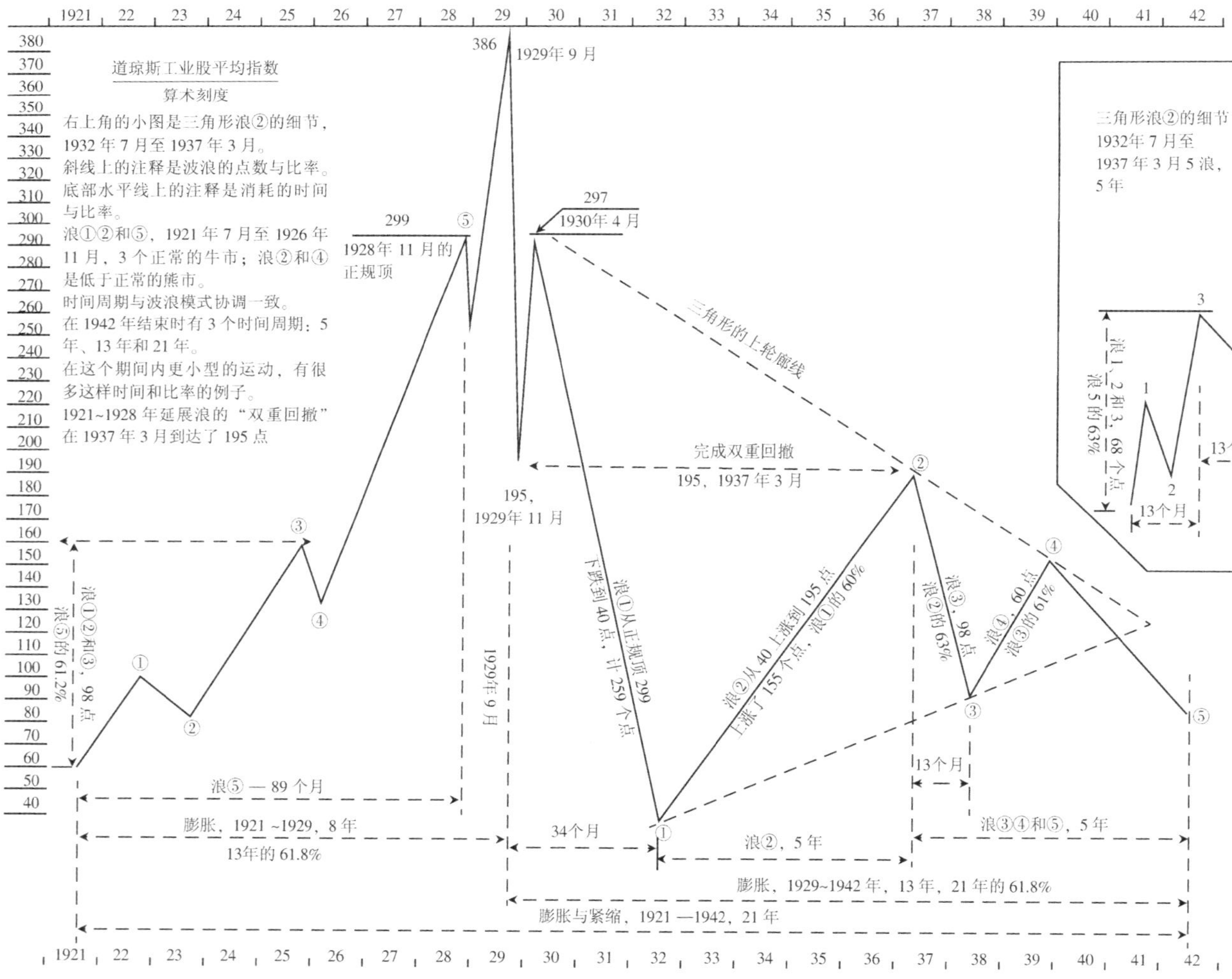
道琼斯工业股平均指数
算术刻度
右上角的小图是三角形浪②的细节，1932年7月至1937年3月。
斜线上的注释是波浪的点数与比率。底部水平线上的注释是消耗的时间与比率。
浪①②和⑤，1921年7月至1926年11月，3个正常的牛市；浪②和④是低于正常的熊市。
时间周期与波浪模式协调一致。
在1942年结束时有3个时间周期：5年、13年和21年。
在这个期间内更小型的运动，有很多这样时间和比率的例子。
1921~1928年延展浪的“双重回撤”在1937年3月到达了195点
386
1929年9月
299
1928年11月的正规顶
297
1930年4月
三角形的上轮廓线
完成双重回撤
195，1937年3月
195，1929年11月
1929年9月
浪①②和③，98点
浪⑤的61.2%
浪①从正规顶299下跌到40点，计259个点
浪②从40上涨到195点上涨了155个点，浪①的60%
浪③，98点
浪②的63%
浪④，60点
浪③的61%
浪⑤ — 89个月
膨胀，1921~1929，8年
13年的61.8%
34个月
浪②，5年
13个月
浪③④和⑤，5年
膨胀，1929~1942年，13年，21年的61.8%
膨胀与紧缩，1921—1942，21年

图 78

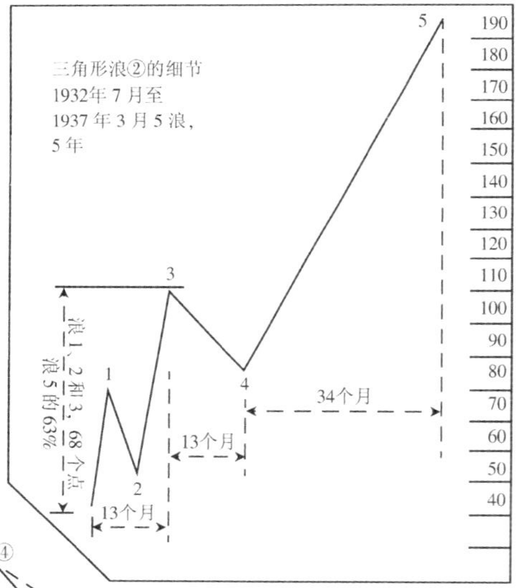
三角形浪②的细节
1932年7月至
1937年3月5浪，
5年
浪1、2和3，68个点
浪5的63%
13个月
13个月
34个月

图 79

1937 年 3 月至 1938 年 3 月　13 个月。

1937 年 3 月至 1942 年 4 月　5 年。

1929～1942 年　13 年（21 年的 62%）。

图形

1 三角形的模式和描述在 28 页和 29 页中。1928 年 11 月到 1942 年 4 月期间的这个三角形是对称三角形，它与普通类型的区别在于有两种模式——“平台形”和“锯齿形”。这个三角形首先是平台形，随后是锯齿形，然后再一次的平台形。这样的情形是以下原因导致的：

- 巨大的规模；
- 模式的交替；
- 上涨到 1937 年的 195 点以完成 1921～1928 年膨胀的延展浪的双重回撤的必要性；
- 在 1942 年完成模式的——从 1921 年起算是 21 年；
- 维持 62%的比率；
- 回撤到 1896～1928 年的第 5 浪（起始点）。

以上所有的都是非常大的规则。

2 这个三角形的构成包括：

从 1928 年 11 月到 1938 年 3 月的“平台形”。

从 1938 年 4 月到 1939 年 10 月的倒置“锯齿形”。

从 1939 年 10 月到 1942 年 4 月的“平台形”。

“平台形”的描述在 22 页。倒置的锯齿形描述在 21 页。在 52 页图 80 再现了所有的构成和与其一致的三角形的波浪数。

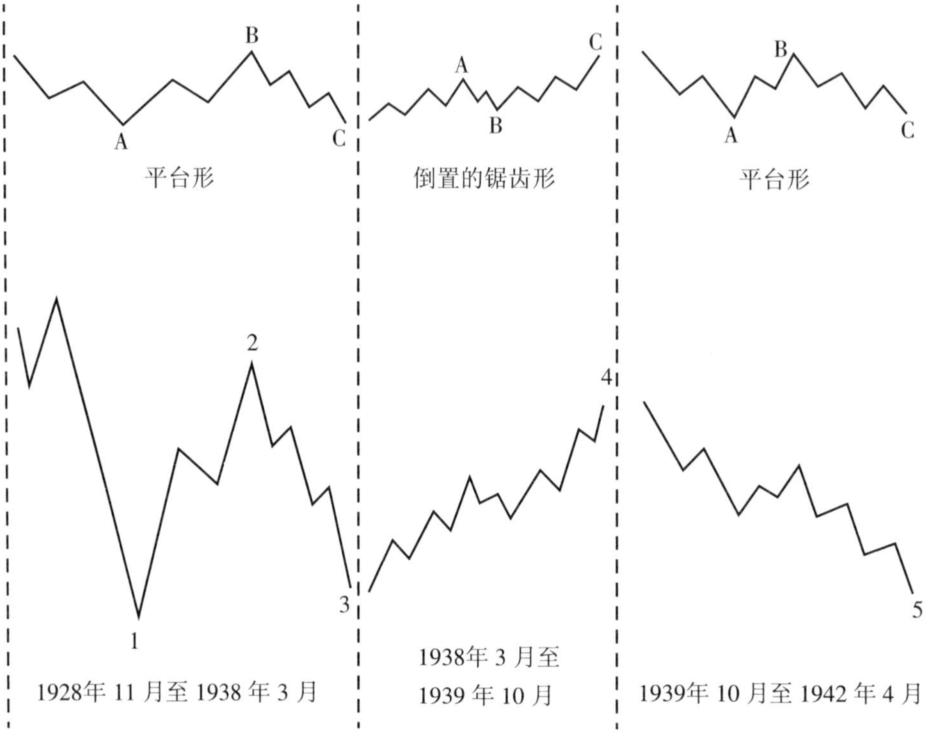

图 80

细节描述

1 道琼斯工业股平均指数从 1928 年 11 月到 1942 年 4 月采用的算术刻度（图 81）。图中的每一根垂直线条代表了月线（最高点和最低点）的范围。

2 三角形的浪①是从 1928 年到 1932 年，由浪Ⓐ、浪Ⓑ和浪Ⓒ组成。浪Ⓐ从 1928 年 11～12 月，是由 3 个向下的浪组成的，它们的速度非常快，因此只能在日线上才能看清楚。浪Ⓑ

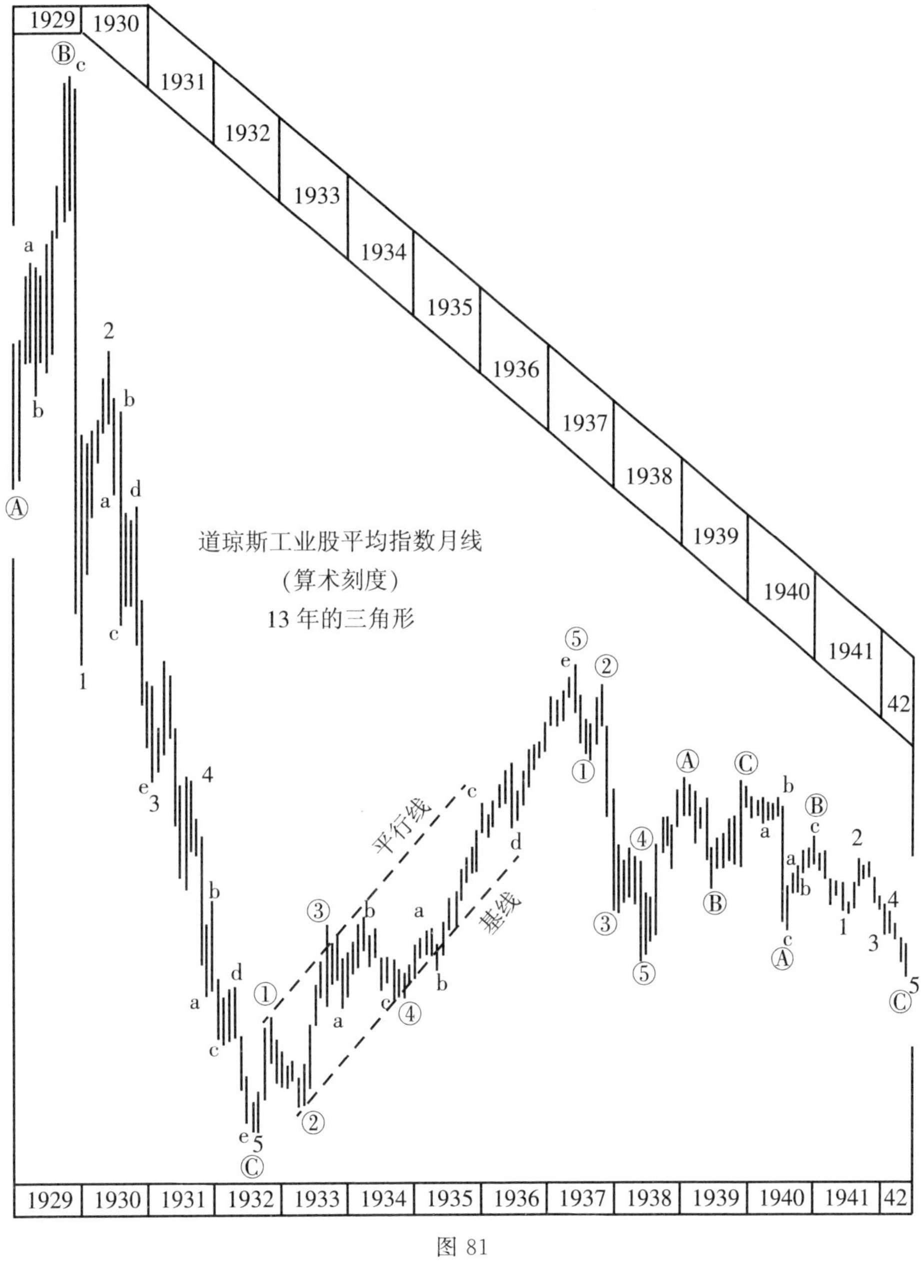
道琼斯工业股平均指数月线
(算术刻度)
13 年的三角形
平行线
基线
1929
1930
1931
1932
1933
1934
1935
1936
1937
1938
1939
1940
1941
42

图 81

是倒置“平台形”的“不规则”顶。浪Ⓒ从1929年9月到1932年7月，是由5个向下的浪组成，见53页图81中的数字，浪Ⓒ历时34个月。

1 三角形的浪②是从1932年到1937年，由于是由5个浪组成，因此是典型的牛市。然而，其反常的规模可以归为浪级非常大的“倒置平台形”，并且是一个“调整浪”的一部分。浪②历时5年。

2 三角形的浪③从1937年到1938年，历时13个月，有5个向下的浪。

从1928年11月到1938年3月，三角形的浪①、浪②和浪③因此形成了“平台形”。

3 在20页第3自然段的图12（21页）中，从1938年到1939年的三角形浪④是“倒置的锯齿形”。

4 三角形的浪⑤从1939年到1942年4月，是“平台形”。它下垂并且时间很长。它的极端长时间非常有必要，这是为了与从1928年开始的13年时间和从1921年7月开始的21年时间相一致。

5 正如在29页第2自然段中所阐述的那样，三角形的第5浪在三角形轮廓的内外都可以。在这个例子中，第5浪就越出了三角形的轮廓，而且浪Ⓐ、浪Ⓑ和浪Ⓒ都是完美的3个浪组成的。

6 浪Ⓑ是浪Ⓐ的62%；也是浪Ⓒ的62%。

7 换句话说，浪Ⓐ和浪Ⓒ的长度相同。

第十二章　膨胀

1　“膨胀”这个术语在字典中的定义是：

“延伸超过了自然的极限”。

2　一个牛市不会超过“自然的极限”；一系列的牛市，一个接着一个，就可能会“超过自然的极限”。一个牛市不会“接着另外一个”牛市，除非两个牛市之间的熊市是低于正常的。

3　由于低于正常的熊市，在20世纪20年代曾经出现过膨胀。在这个期间，有3个正常的牛市和2个低于正常的熊市，一共是5。

4　出现膨胀的预兆如下：

- 正常的浪1；
- 低于正常的浪2；
- 正常的浪3；
- 低于正常的浪4；
- 浪5突破算术刻度的“平行线”。参见42页第3自然段图71。

5　56页的图82用图形的方式展示了一个自然的牛市和一个自然的熊市调整浪，（浪a、浪b和浪c）充分刺穿了用虚线绘制的“基线”。

6　56页图83用图形的方式展示了一个低于正常的熊市调整浪，勉强刺穿了“基线”。

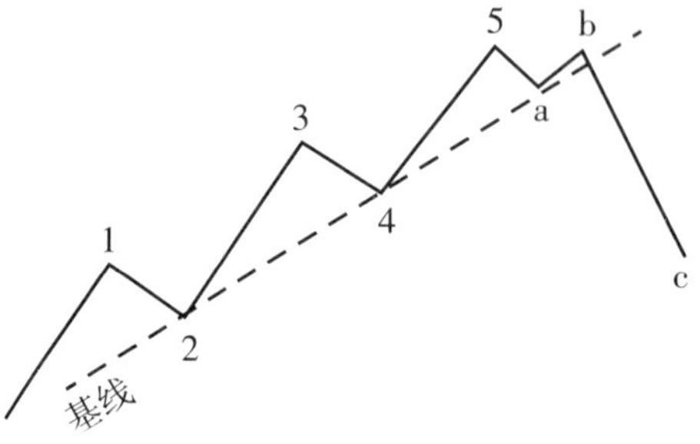

图 82

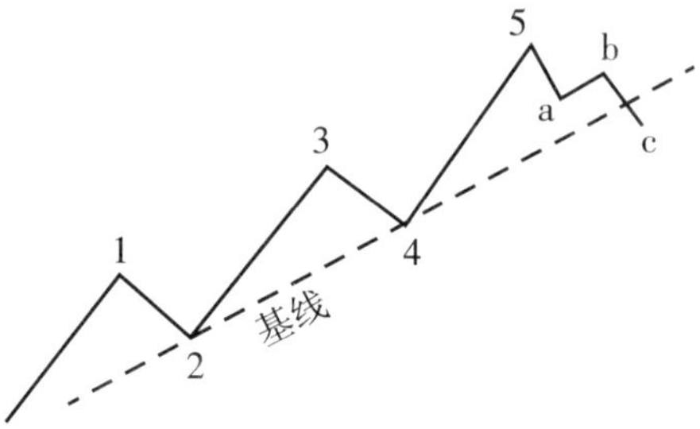

图 83

1 图 84 展示了从 1921 年到 1928 年 11 月道琼斯工业股平均指数，采用的是算术刻度。浪 5 刺穿了“平行线”。刺穿“平行线”后就要求从 1921 年开始的整个画面都要采用对数刻度绘制。

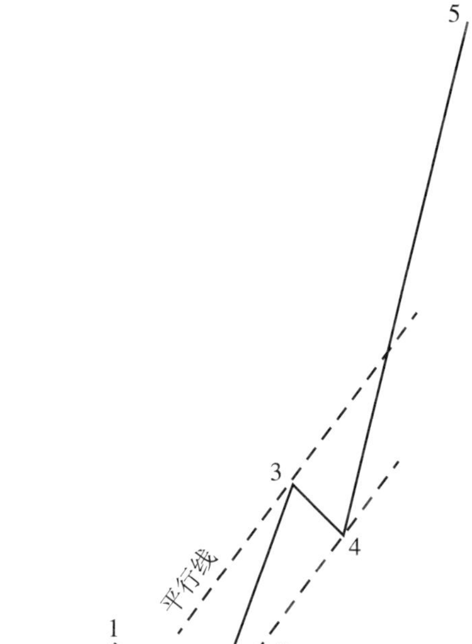

图 84

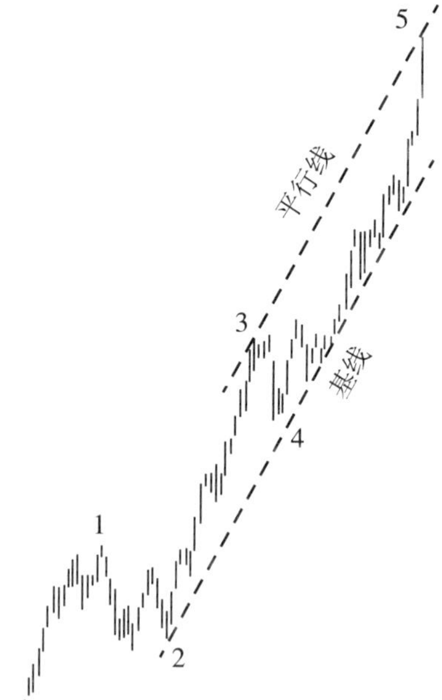

图 85

1　图 85 是相同的道琼斯工业股平均指数采用对数刻度后的画面。浪 5 触及了但是没有刺透“平行线”。

2　确定膨胀在什么点数，以及何时中止的方法有三种：

- 前面阐述的方法。
- 比率，50 页上的图 78 和图 79 中所描述的。
- 时间，50 页上的图 78 和图 79 中所描述的。

第十三章　黄金价格

1　黄金价格是表明算术刻度与对数刻度两种刻度之间重要功效差异的另外一个例子。图 86 记录了贯穿 1250～1939 年的牛市，这个牛市持续了接近 7 个世纪。在图 87 中，浪②是“简单”的；浪④是“复杂”的。请注意浪④中的浪Ⓐ、浪Ⓑ和浪Ⓒ。

2　在图 87 中，采用的是算术刻度，价格线超越了“平行线”，因此这个图形需要采用半对数刻度。采用对数刻度的“平行线”表明了任何人类活动中膨胀的最终顶部。

3　当一轮 5 个浪的上涨在**算术刻度**的**通道中完成**时，膨胀就不存在了。

下面的图形

4　图 87 中缓慢上涨浪①表明那个期间黄金的市场价格是“自由”的，也就是没有任何权力固定黄金的市场价格。随后，上涨突然中断，并且调整浪横向运动，这表明价格被某种权力控制了，可以假设为政治性权力。

5　调整浪可以横斜向、向上或是向下，注意图 87 中的浪④。

6　根据在这里介绍的法则，如图 86 表明的那样，如果采用对

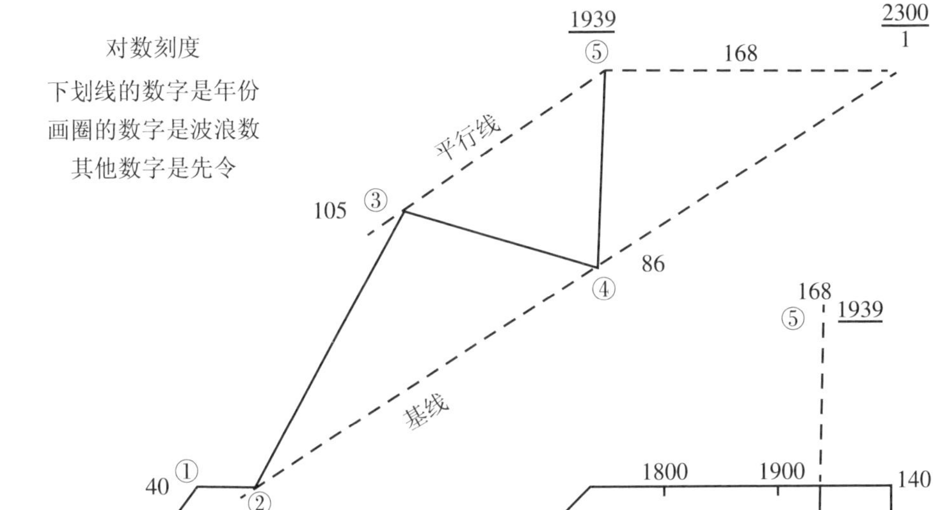
对数刻度
下划线的数字是年份
画圈的数字是波浪数
其他数字是先令
1939
⑤
168
2300
1
平行线
105
③
86
④
基线
40
①
②
18
1250

图 86

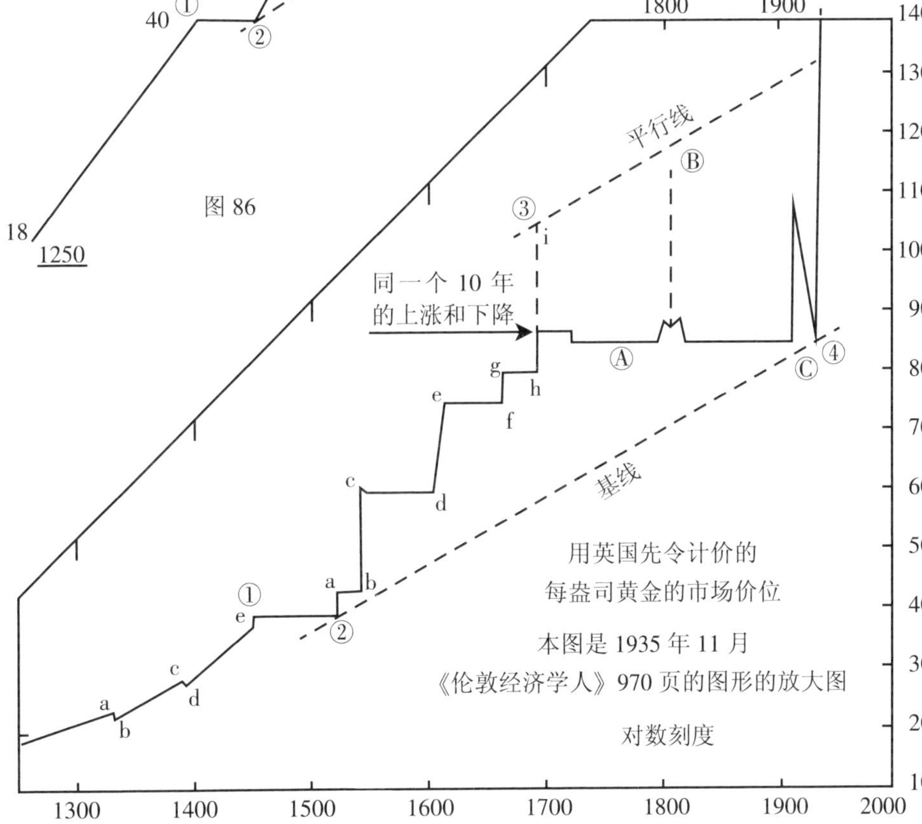
168
⑤
1939
1800
1900
140
130
120
110
100
90
80
70
60
50
40
30
20
10
平行线
Ⓑ
③
i
同一个 10 年
的上涨和下降
Ⓐ
Ⓒ
④
g
h
e
f
c
d
基线
a
b
①
e
②
用英国先令计价的
每盎司黄金的市场价位
本图是 1935 年 11 月
《伦敦经济学人》970 页的图形的放大图
对数刻度
1300
1400
1500
1600
1700
1800
1900
2000

图 87

数刻度，当一个模式完成时浪⑤触及了“平行线”，价格上涨就不会再发生了，一直到价格线刺穿“基线”一些点数后。

1 因此，最有可能的就是，现在 168 先令的黄金价格将会保持不变，**至少**要持续到 2300 年触及“基线”的时候。正如图 86 中所表明的（虚线最右端）。

第十四章　专利

1　“人类的活动”这种表达包括了每一种活动，不仅有股市，还有生产力、人寿保险、从城市到农村和相反的迁移等等。正如在15页中各种各样的条目一样。

2　偶尔，一些非同寻常的条目会自我展示出来。例如“专利”这样的例子，一种非情绪化的人类活动。62页的图88是1850～1942年专利申请的记录，请注意这5个浪。第5浪从1900年延展到1929年。工业股平均指数在几乎相同的期间内遵循了相同的模式。注意模式中的“调整浪”有3个浪——浪A、浪B和浪C，时间从1929年到1942年。股市在同一段时间内遵循了相同的模式，除了从1928年到1942年的“调整浪”由三角形代替了浪A、浪B和浪C。

3　在早些时候，农业是天然的职业。随处可见的农民可能拥有一个商店或是制造一些东西作为副业。制造以单件为基础，并且是在家里完成的。

4　美国的自然资源、气候、天分和民主都需要以公司制的形式为个人的创造性提供资金。

5　发明和机器的采用逐渐改变了一切。

6　路易斯安纳购买案、征服加利福尼亚，以及获得德克萨斯和俄勒冈，加上与加拿大和墨西哥划定了国界，增加了价值巨大的领土。

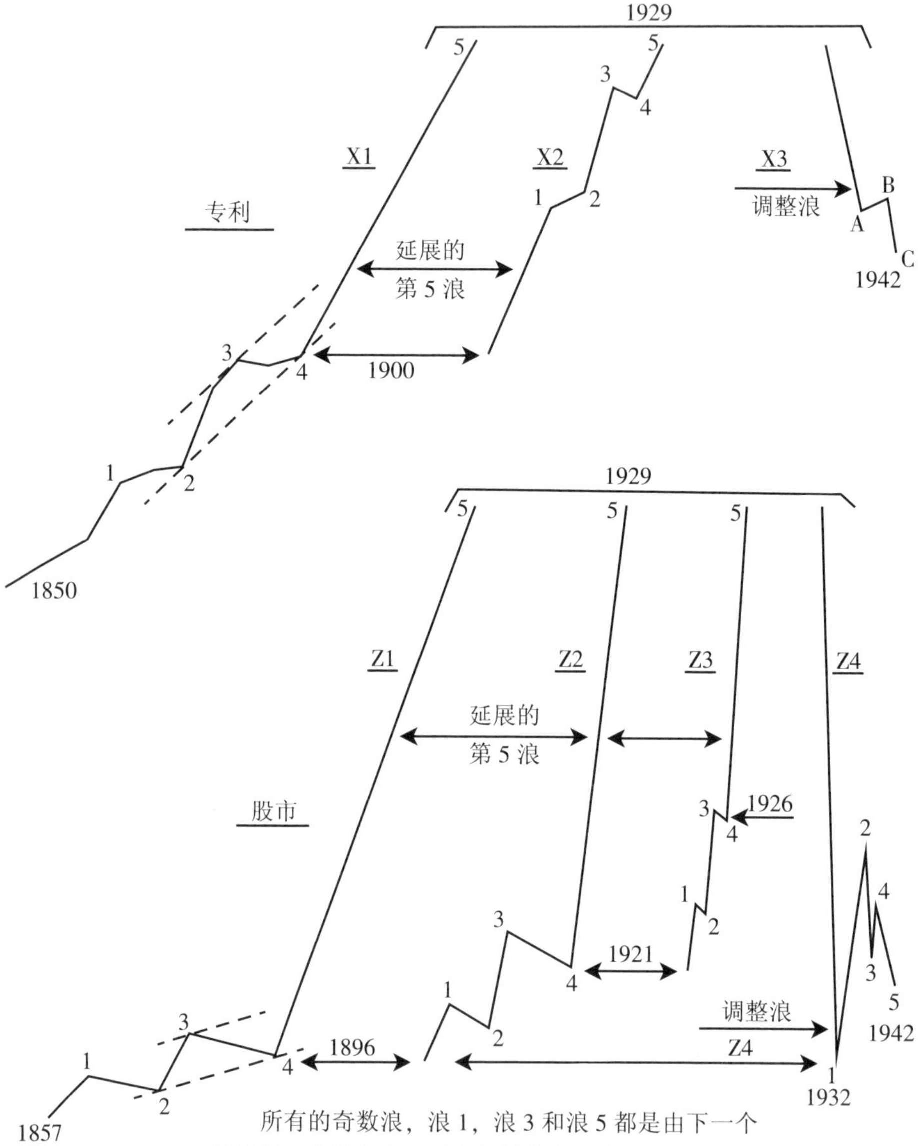

所有的奇数浪，浪 1，浪 3 和浪 5 都是由下一个浪级的 5 个浪组成，所有的偶数浪，浪 2 和浪 4 都是由下一个浪级的 3 个浪组成

图 88

1　天分过去是，现在仍然是资产的根源。这在1850～1942年期间专利申请的图形中已经得到了证明。请注意这个模式与股市的模式是一致的。美国有一个重要方面与世界上其他的所有国家存在着本质的差异——我们的祖先来自世界各地。他们因为不满祖国的暴政和政治才来到这里享受自由，并发展他们的天分[①]。

① 译注：图88是复合图形的模式。艾略特先生采用这种图形模式把几种相关的图形放在同一张图上进行展示。图88中，图形上面是专利的3个图形，分别为X1、X2和X3。

第十五章　技术特征

1　一种活动的运动很少能成为另外一种活动的可靠指南。66页中的图89有3个图形——伦敦工业股指数、道琼斯工业股指数和美国生产力指数。所有这些图形标绘的（时间）都是从1928年到1943年1月。生产力数据是由克利夫兰信托公司提供。

2　图89－Y记录了道琼斯工业股平均指数从1928年11月（正规顶）到1942年4月的5浪三角形。“正规”这个术语在其他地方已经阐述过。这个三角形的第2浪、第3浪和第4浪的幅度都接近前一浪的61.8%。这个三角形通过①自身的轮廓、②时间要素、③每一个的构成和④每一浪与前一浪的比率证明了它的存在。由于1921～1929年（8年）的高速膨胀导致随后快速下跌到了1932年（34个月）。这样，就像逐渐静止的钟摆一样，平均指数的上涨与下跌交替进行，从而形成了一个对称三角形。这个三角形在13年的时间内忽略了以下事件：

- 从共和党转向了新政；
- 美元的贬值；
- 拒绝政府债券的黄金条款；
- 打破了两个时期的先例；
- 1939年开始的第二次世界大战。

生产力指标从1938年开始提高，并在1941年结束了这个5浪模式。

1　图 89—X 展示了伦敦工业股指数 140 点的顶部在 1929 年 6 月形成；1936 年 12 月的点数是 143 点；1932 年和 1940 年的最低点都是 61 点。从 1940 年到 1943 年 1 月，指数上涨到了 131 点。1720 年、1815 年和 1899 年，伦敦股市都到达了最高位，大约相隔 89 年（FSS，斐波纳契加法数字）。伦敦的工业股指数在 1929 年并没有跟随纽约股市。

2　图 89—Z 克利夫兰信托公司编制的生产力指数记录的 1929 年 6 月的顶部是 116 点；1936 年是 112 点；最低点是 1938 年的 63 点。从 63 点开始了一轮 5 浪上涨，模式完成的时间为 1941 年 6 月。在这之后，道琼斯工业股指数才在 1942 年 4 月从三角形的末端开始上涨。

3　在 1857 年到 1928 年期间，我们参与了三次战争，内战、对西班牙的战争和第一次世界大战。然而，超级循环的模式非常完美，如同在其他地方被证实的一样。即使英国股市出现膨胀也不会遵循我们的股市膨胀方式。股票和商品从来都没有同时膨胀过。因此，如果商品在探索最高位置，就不能因此认为股市也将在同期做相同的运动。商品在 1864 年和 1919 年膨胀过——间隔 55 年。

4　消息毫无价值的结论将在 71～73 页得到证明。一名财经记者曾经写到：

债券价格根据来自萨勒诺（意大利城市）的利好消息上涨，以及它们在 8 月依据来自西西里岛（意大利南部岛屿）类似利好信息而回调的事实，导致研究者得出这样的结论，8 月份回调的主要是技术上原因而不是军事事件的发生。

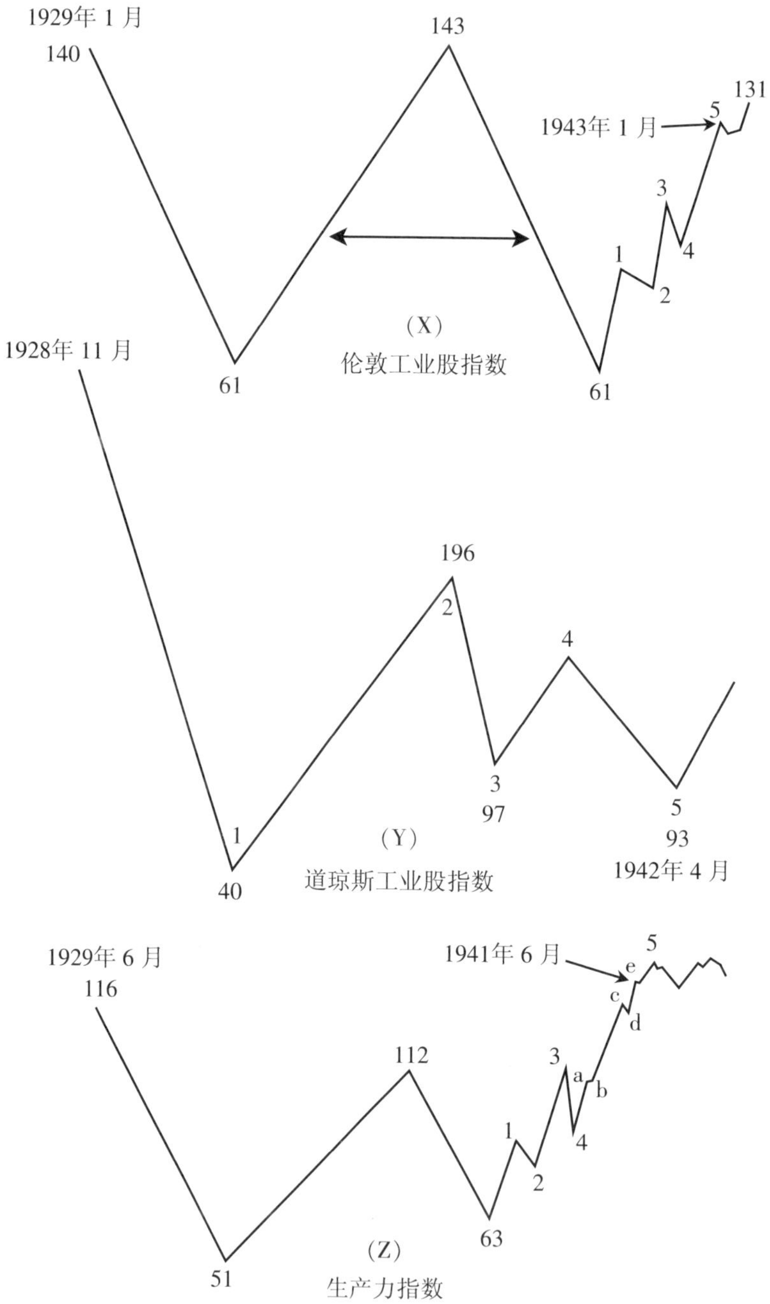
1929年 1 月
140
143
131
1943年 1 月
5
3
1
4
2
(X)
伦敦工业股指数
61
61
1928年 11 月
196
2
4
3
97
5
93
1
(Y)
道琼斯工业股指数
40
1942年 4 月
1929年 6 月
116
1941年 6 月
5
e
c
d
112
3
a
b
1
4
2
63
(Z)
生产力指数
51

图 89

一天，伦敦市场经历了剧烈的“闪电战”。伦敦股市上涨而纽约股市则在下跌。两地的财经记者都强调“闪电战”是本地市场表现的原因。那时，伦敦市场正处于上涨趋势中；纽约则处于下跌趋势中。墨索里尼在 7 月 25 日倒台后，两地出现过相同的波动。

1 上述分析证明了技术因素在所有的时间都支配着市场。

第十六章　道琼斯铁路指数

1　对铁路股指数的研究非常有趣，并且是有益和有利可图的。

2　在我们的经济领域，运输是最重要的人为因素，因为自从购买了路易斯安那州，并与加拿大和墨西哥确定了国界，再加上德克萨斯州和加利福尼亚州后，我国的领土非常辽阔。

3　69 页中的图 90—X 图是 1906～1944 年 1 月期间，铁路股指数和工业股指数的比率。这证明了相对于工业股指数，铁路股指数在 1906～1940 年（34 年）期间非常疲软。

出现这种现象的原因如下：

- 债券相对股票的比率过高。
- 巴拿马运河在 1914（1906＋8＝1914）年开始了商业运行。
- 汽车和飞机。

4　上面提到的三种因素导致了铁路债券和铁路股票的疲软，以至于在 1940 年时有 1/3 的铁路里程数破产清算，其他的 2/3 处于破产清算的边缘。

5　第二次世界大战暂时削弱了巴拿马运河的竞争力，另外在旅客和货物两个方面也增加了铁路的收入。从 1940 年以来，尤其是珍珠港事件之后，铁路享受了非同寻常的收益使得铁路公司可以减少债券债务，以及由此发生的固定费用。这种好处是长期的。参看 69 页中的图 90—Z。

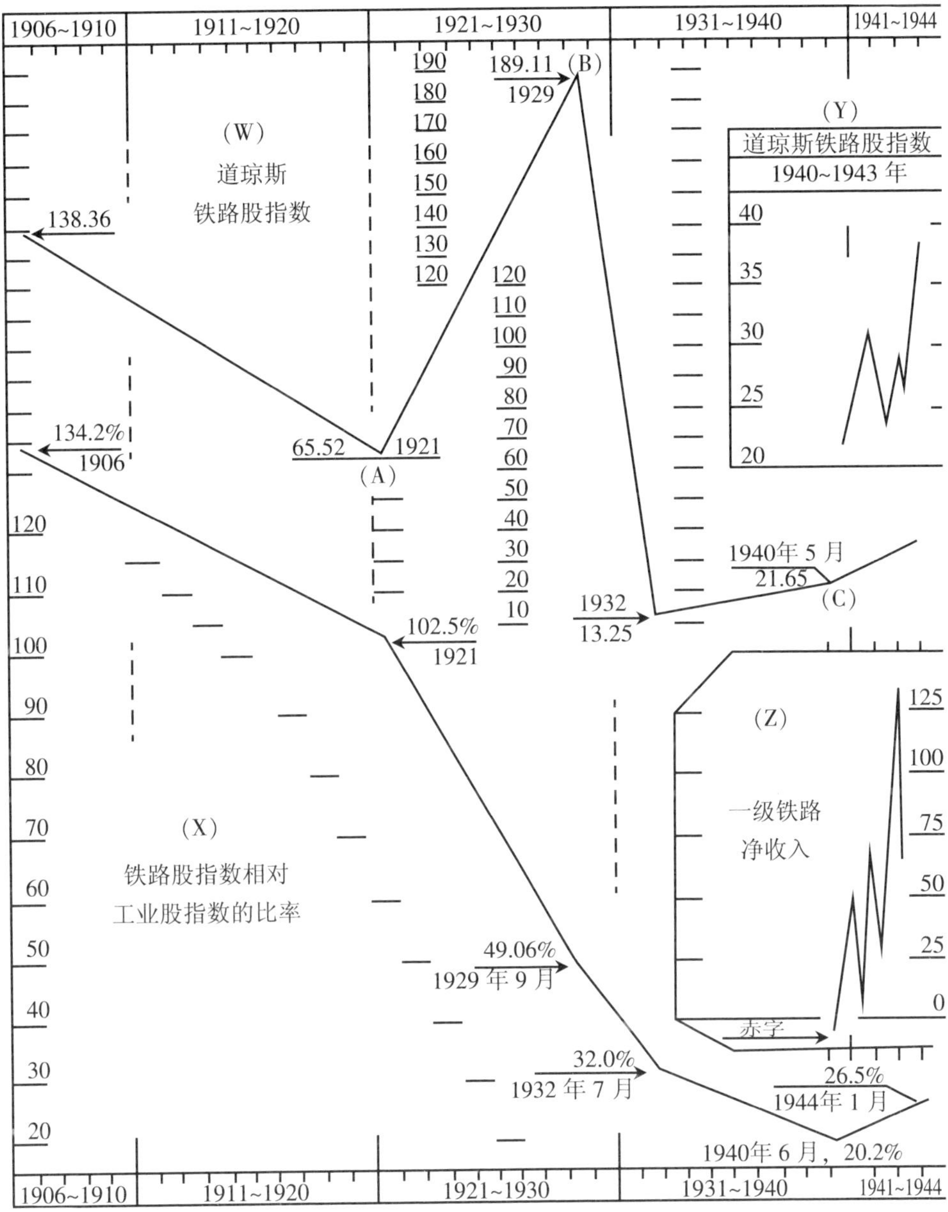

1906~1910
1911~1920
1921~1930
1931~1940
1941~1944
(W)
道琼斯
铁路股指数
138.36
189.11
1929
(B)
65.52
1921
(A)
134.2%
1906
102.5%
1921
1932
13.25
(Y)
道琼斯铁路股指数
1940~1943 年
1940年 5 月
21.65
(C)
(Z)
一级铁路
净收入
赤字
(X)
铁路股指数相对
工业股指数的比率
49.06%
1929 年 9 月
32.0%
1932 年 7 月
26.5%
1944年 1 月
1940年 6 月，20.2%

图 90

1 在 1940 年，铁路股指数记录下了它们比率的最低点，从那时到 1943 年 7 月的上涨如 69 页中图 90－Y 所示。工业股在两年后的 1942 年 4 月见底，这是 13 年三角形的结束点。

2 1906～1940 年，在 34 年（FSS，斐波纳契加法数列中的数字）期间，铁路股先于工业股向下逆转；向上逆转的时候铁路股则晚于工业股。从 1940 年后，这个惯例反过来了，也就是铁路股先于工业股向上逆转；后于工业股向下逆转。这个惯例可能会持续很多年。

第十七章 消息的价值

1 华尔街有一句名言，“消息适应市场”。这意味着不是消息“造就了市场”，而是市场预测和评估这类重要的根本性力量在后来可能成为了消息。消息最多是已经作用了一段时间的各种力量的延缓确认，只有那些对趋势毫无意识的人才会大吃一惊。

2 导致市场趋势的各种力量来源于自然和人类行为，并且能够用各种方式进行测量。力量以波动的形式运行，正如伽利略、牛顿，以及其他科学家证明的那样。通过比较这些波浪的结构和长度，就能够非常精确地对这些力量进行计算和预测。

3 有经验的或是成功的交易者很早就意识到，依赖于任何个人的能力对任何涉及股市的单一消息的价值进行分析都是没有用的。没有任何单一的消息或是一系列的发展能够成为任何持续趋势的内在原因。事实上，相同的事件会在很长的一段时间内在广泛的领域中发挥不同的影响，因为趋势的情况各不相同。通过对道琼斯工业股平均指数 45 年来的粗略研究就能够证明这一观点。

4 国王在这个期间遇刺，还有战争、战争的谣言、繁荣、恐慌、破产、新纪元、新政，以及“摧毁托拉斯”等各种各样的历史性和激动人心的事件发生。然而，不管消息如何，所有的牛市都以相同的方式表现；所有的熊市也表现出相似的特征。这些方式和特征能够控制和测量市场对任何类型的消息的反应，以及总体趋势不同阶段的构成比率和范围；同时还能评估和预测股市的未来活动。

1 有时候会发生完全意想不到的事情，例如地震。然而，不管意外的程度如何，看起来非常安全的结论是，任何此类事件都会被快速贴现，并且**不会逆转事件前已经运动的明确趋势。**

新泽西州伍德市的X·W·莱夫勒先生出版的道琼斯平均指数图形中，按照时间顺序罗列重要的新闻，售价为1美元。对这种图形的研究清楚地表明，出现同一类新闻，市场可能上涨也可能下跌。因此，“看清楚森林”的唯一途径就是站在树木的上方看。

2 战争使得世界范围内的武装力量如此强大，以至于它们表面上控制了其他所有因素，驱动市场在相同的方向越走越远。在不同的时代，战争事件都会在报纸的头版报道。市场在1937年8～9月出现陡直崩跌，然后在1938年的3月、8月和9月，以及1939年的3～4月再次出现，这些陡直崩跌都与战争的发展相一致。然而，在1939年9月1日实际宣战的时候，市场则伴随着巨大的成交量剧烈上涨。对于这种奇怪现象唯一令人满意的解释只能来源于那些时候市场循环的技术形态。

3 在1937年、1938年和1939年初，市场已经完成了重要的反弹，并且在战争事件的时间点已经恢复了下降趋势。因此，这些“战争恐惧”被解释为下跌，并直接加速了下跌趋势。

4 另一方面，当1939年9月战争爆发的时候，市场处于完全不同的形态。图表显示，从1939年7月下旬开始的下跌阶段是当年4月中旬的向上运动的调整。上涨阶段在**9月1日的前1周就已经完成了。**事实上，市场在很短的时间内从这浪在8月的底部迅速上涨了大约10个点。当实际宣战时，市场急速暴跌，只在当天轻微击穿了8月的底部，随后以惊人的速度向上弹升。

1　相对于在随后疯狂攀升中的股票买进者，那些在8月买进经过挑选的处于底部的股票的人，以及在第二次战争恐慌底买进的人获得了巨大的赢利。大多数的后来者为他们的买进感到后悔，因为他们是以顶部的价格买进的，并且是以实质性的亏损卖出的。实际上，钢铁股和其他主要的战争股在战争开始后的不到2周就到达了市场的顶部。从那儿以后，因为处于在1939年秋天恢复的大熊市循环中，市场基于战争股和战争利润的前景给予了更加一致的看空结论。与此相反，1914～1918年的第一次世界大战的影响主要是看多的，原因在于从1913年中开始的价格循环类型。

2　1940年6月，当法国沦陷的时候，很多人都感觉战争会非常短，并且希特勒将不可避免地侵占英国。然而，当道琼斯工业股平均指数在5月到达110.61点时，波浪就已经表明最坏的阶段已经结束，应当为一轮实质的中级恢复性行情买进股票。即使在6月的上半个月，市场在来自欧洲的高度情绪化的消息的情况下，平均指数也仅仅回调到了110.41点。

3　1940年11月选举期间，关于投入巨资以帮助英国防御这个轰动的新闻公告被公布了。很多经济学家和观察者认为执行这个计划将引发通货膨胀的力量，因此应当买进股票。然而，波浪在这个时候表明，从价格的角度，股票不会从这种膨胀受益，因为从6月开始的向上运动已经完成，股票将下跌到很低的价位。随后，市场下跌了接近50个点。

第十八章　制图法

1　研究者可能会从我认为必需的详细建议中受益。几种模式的图形在 76 页显示。

用线段描述日线价格范围

2　为了精确观察一轮运动中的较小浪级的波浪，我们需要日线的价格波动（最高价和最低价范围）。道琼斯公司在 1928 年开始了这种最高价和最低价范围的记录。

3　为了突出价格的波动，图表涉及到的空间单位比例推荐采用：

垂直的 1/4 英寸对应工业股平均指数的 1 个点。

垂直的 1/2 英寸对应铁路股平均指数的 1 个点。

垂直的 1/2 英寸对应公用事业股平均指数的 1 个点。

4　这样的空间单位比例在图表上就有助于精确表达。

5　1/4 英寸的刻度细分为 5 等份，因此可以为日线（最高点与最低点）和小时线（最高点与最低点）精确定位。

6　相似的，在这种模式的图表上，每日之间的空间单位比例也非常重要。当图表上的每一根垂直线都被占用而不是每隔一根的话，其结果就是价格线段相互之间就太狭窄了，以至于不能舒服地看图。不要给假日和星期日留下任何空间。

小时线的记录

1　相同精度的刻度和形式也推荐用来进行小时线的记录。水平的1/4英寸是5个小时，或是一个最小的方格对应1个小时。不要给星期六的后2个小时留下任何空间。不要显示开盘数据。当日的最高点和最低点的范围将在每个交易时段的最后1小时结束后显示出来。

2　所有的这些推荐都在76页的图91和图92中有描述。

制图纸

3　不要以丧失清晰的代价去节约制图纸。当出现一轮运动在一张纸上开始而在另外一张纸上结束的情况，清晰度就会有影响；当一轮运动在一张纸的顶部中止并在另外一张纸的底部再次开始时也会这样。

4　使用柯菲尔和艾瑟（Keuffel & Esser）生产的制图纸会使波浪的判读变得更清楚。这种制图纸由他们自己和大型文具店销售。制图纸的规格如下：

- 20英寸宽的卷筒纸；
- 8.5英寸×11英寸；
- 10英寸×15英寸。

上述三种规格的制图纸有两种类型的重量可以提供。

1　建议使用 10 英寸×15 英寸规则的制图纸，并且一张纸上不要绘制两个以上的平均指数。例如：在一张 10 英寸×15 英寸规则的制图纸上可以显示工业股指数的日线价格范围和日成交量。在另外一张 10 英寸×15 英寸规则的制图纸上可以是铁路股平均指数和工业股平均指数的日线价格范围。另外两张 10 英寸×15 英寸规则的制图纸，一张用于工业股指数的小时记录和整个市场的小时成交量；另外一张用来记录铁路股指数和公用事业股指数的小时记录。整个程序一共需要 4 张制图纸。

2　同样的推荐也适合在个股与商品上使用。只有一点除外，在制图纸上要用 1/4 替代 1/5 进行细分。参看图 91 和图 92。

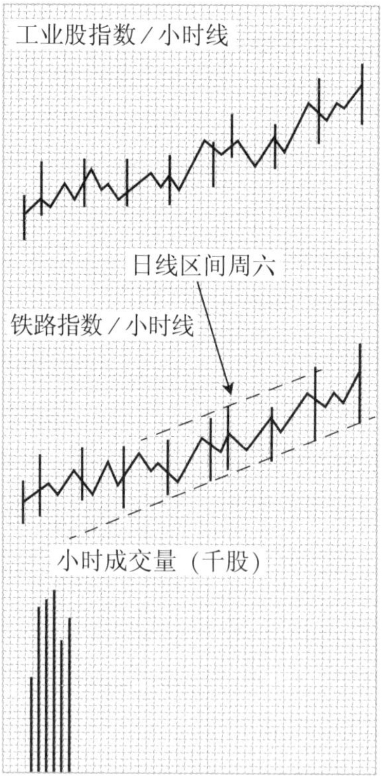

图 91

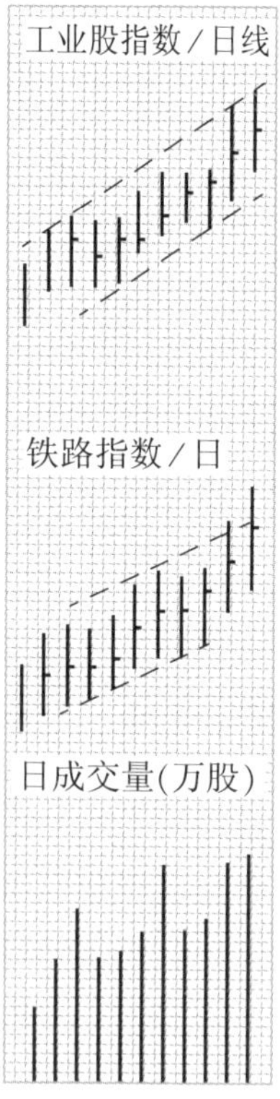

图 92

周线价格范围

1　周线价格范围要采用最大规则的制图纸类型绘制，以便能覆盖较长的时期。一个循环使用一张纸。

月线价格范围

2　月线价格范围，尤其是平均指数和股票板块，对于观察完整的循环非常重要。

3　35 页第 2 自然段的图 57 和图 58 证明了日线在提前确定周线的模式和范围的价值。同样，周线也有助于确定月线的模式和范围；月线将有助于确定所有循环的范围。

4　同样的，月线有助于观察月线级别的时间周期和波浪比例。

5　在下面的图形中，垂直的单位比例是工业股指数的 1 个点对应 1/4 英寸；铁路股指数和公用事业股指数是 1 个点对应 1/2 英寸。

6　工业股指数周线价格范围可以缩小到 2 个点对应 1/4 英寸；铁路股指数和公用事业股指数 1 个点对应 1/4 英寸。

7　月线价格范围的记录可以进一步缩小。

用于工业股的制图纸样品：

在真实的制图纸上交叉的尺度线为淡绿色，图表中用黑墨水绘制的模式在淡绿色的背景上非常有利于波浪的解读。

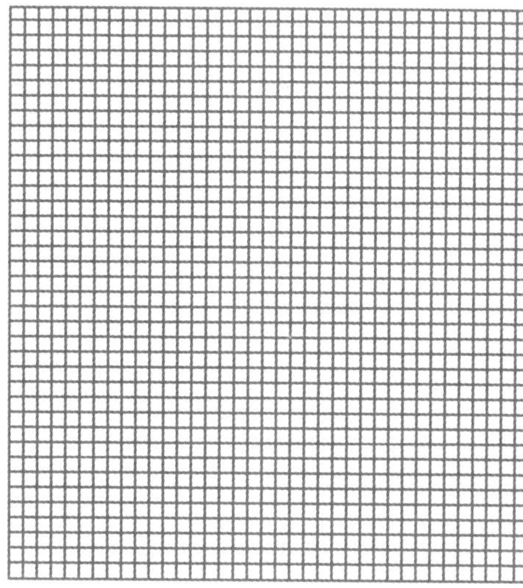

图 93

第十九章　投资的时机

1　时间是宇宙的基本要素之一。

2　我们把一年的时间分为四季：春季、夏季、秋季和冬季。

3　我们认识到白天是活动的时间；夜晚是放松和休息的时间。

4　就投资而言，**时机**是最基本的要素。**买什么**很重要，但**何时买**更重要。

5　投资市场本身逐渐预言着它们自身的未来。通过观察**波浪**的模式，并对这些模式的开始和结束进行明确的结论性分析，就能预测市场的下一轮运动。

6　自然法则包括了所有要素中最重要的——时机。自然法则不是市场游戏中的一套体系或是方法，而是所有人类活动进行中呈现出过程标记的一种现象。它在预测中的应用是革命性的。

7　1932 年 1 月，如果一个人在政府长期债券上投资 1000 美元，并在 1939 年 6 月卖出，总共的赢利是 500 美元（包括利息和增值），这是 89 个月的结果。1932 年 1 月，政府债券的市值收益率是 4%；而在 1939 年 6 月，收益率仅仅为 2%。

8　在股市中，在 1932 年 7 月投资 1000 美元，除去股票的红利外，这笔投资到 1937 年 3 月就增值到了大约 5000 美元。这种表述基于最流行的平均指数变动的百分比。

1　精确预言的重要性导致统计学应用的大幅增加。把 50 年前报纸中的文章与现在的对比，就会明白这一点。人们花费数以百万计的美元以寻找一种令人满意的预测方法，但是如果没有意识到市场的特性是预期而不是追随，那么在预测方法的探索中就不会获得成功。

第二十章　交易品种的选择

1　在第十九章中，我们证明了**时机**是股票交易中最重要的因素，也就是**何时**买进或是卖出。第二重要的因素的就是交易**哪种**股票。

2　作为挑选交易有价证券（无论是股票还是债券）品种的指南，以下的基本原理要牢记在心里：

3　**波动与收益**：任何有价证券的市值波动都远远大于它们的收益率。因此，首先要考虑的就是在价格波动中，本金的保值与增值。

4　**牛市的顶部**：在牛市中，55 只标准统计列表的股票中的每一个板块在不同的时间形成顶部，这个过程像打开一把扇子。牛市是指那些在大约 2 年内发展出来的 5 个大浪的市场。在这个期间，由于受到循环力量的驱动，几个板块的运动非常一致。

5　**熊市**：通常，熊市持续的时间要比前一轮的牛市长。1929～1932 年，在剧烈而持续时间很短的下跌过程中，即使是非常好的股票和债券也跟低等级的股票和债券一样，在不顾它们真实价值的情况下，不得不被套现。许多交易者获得了错误的认识，以为在所有的熊市都会重复这样的情形。研究表明，要等许多年后才可以期待出现这样剧烈的下跌。熊市最终底部是显而易见的，几乎所有的板块都会接近底部。这与牛市的顶部正好相反。在熊市中，强势的领涨者很少出现，尤其是在反弹的过程中。熊市摆动期间，整个市场以及几个板块对出现的事件和外部因素更加敏感。在1939年1月26日至7月28日期间，伦敦工业股指数形成了一个三角形。

1 **先前的交易经验：**很多交易者因为先前不愉快的经历而对特定的股票存有偏见。如果纵容这种情形继续发展，交易者到最后会发现没有任何一个品种值得交易。

2 **不活跃的股票：**交易时应当回避经常或是间或不活跃的股票，原因在于波浪得不到记录。不活跃清楚地表明，该股要么没有经过彻底的派发，要么是已经到达了充分的成熟阶段。

3 **内幕消息：**内幕消息通常来自善意的朋友并指向不活跃或是低价的股票。最好是只交易总是活跃的股票。

4 **股票的年龄：**股票的生命通常分为三个阶段：

(1) 第一个阶段是年轻阶段，或是实验阶段。交易中要回避这个阶段的股票，因为它们还没有完全成熟。

(2) 第二个阶段是创造性阶段。进入这个类别的股票已经获得了健康的发展，如果它们经过成熟，也就成为了令人满意的交易品种。

(3) 第三阶段是成熟阶段，代表着经过彻底的发展。红利可能一直都很可靠，但是股价的波动狭窄。由于这些原因，这类股票成为了证券组合中的品种。从交易的角度看，这类股票的吸引力很小。

前面建议的总结

5 当一种可靠的平均指数的模式变得有利时，应当遵循以下建议：

1 选择与该指数表现一致的板块。

2 选择与这些板块运动一致的股票。

3 永远要挑选那些经常活跃、价格适中的成熟领涨股。

4 分散资金：也就是把金额大致相等的资金投入到 5～10 只股票中，每个板块不要超过 1 只股票。例如：

通用汽车（General Motors）
美国钢铁（U. S. Steel）
联合航空（United Aircraft）
纽约中央（New York Central）
美国橡胶（U S Rubber）
统一·爱迪生（Con. Edison）

第二十一章　金字塔的符号，以及它们是如何被发现的

1　经“兰顿基金会”的允许，我从兰顿先生撰写的《麦基·洗德的预言》一书中的134～135页引用3个段落。

围绕金字塔底座的总距离是36524.22金字塔英尺。这正好是365.2422（我们太阳历中一年的天数）的100倍。

金字塔的设计高度是5813.02英尺。

这些神秘的智者确定了测量数量、时间、重量，以及长度、面积和体积的方法。由于所有这些都基于这个正方形的边长，并且这个边长来源于一个周长等于太阳历天数的圆；而且地球围绕太阳旋转的时间是永恒不变的，因此这些神秘者创造出了唯一一种永远准确和相同的测量方法。

2　在确定吉萨大金字塔底座的周长之后，调查者就会搜寻与之相一致的某种已知事实。在这个例子中就是一年中的天数，精确到小数点后两位。换句话说，两个事实联系在一起就建立了这种符号的用途，并据此可以用来进行预测。

3　我发现了人类活动的节奏，后来知道这种节奏存在于大金字塔上的符号中。埃及学家没有识别出这种符号，因为他们并没有意识到自然和人类活动中的这种节奏。

1 这种符号的意义在第一章和第二章中已经描述过，并在第八章到第十四章得到了证明。

2 我对金字塔符号的意义有以下贡献，按照命名顺序：

（1）发现了波浪的模式、浪级和数目。

（2）发现了以下的关联性：

①斐波纳契加法数列；

②汉姆毕格（Hambidge）的发现在艺术和植物学中的应用；

③毕达哥拉斯和他的神秘图形。

（3）吉萨大金字塔所有角度的图形。

（4）金字塔垂直高度这个数字的关联性——5813 英尺（这个数字由斐波纳契加法数列的三个基础数 5、8 和 13 组成），垂直高度与金字塔底边的比率关系。

（5）在人类活动的很多领域应用（斐波纳契）加法数列。

比例尺

制图员使用一种名为“比例规”的仪器。它的支点可以移动以便获得任何一种比例。这种仪器非常昂贵，并且现在也很难获得。我因此设计了一种固定比例的手持替代品。使用时不需要计算，无论是幅度还是时间，在任何两种运动之间的比例都是 61.8%。我在收到 25 美分的支票、汇款、硬币，或是邮票后就会寄出一个。

R·N·艾略特

华尔街 63 号

纽约州纽约市

第二十二章　运动规律

1　注意力已经主要指向了股市循环的节奏，因为它们非常显著。每一种运动——从车轮到行星，都是循环的。所有的循环都能细分，也就是有级别，因此有助于在它们运行时进行测量。

2　行星以各自特定的速度在轨道上运行。地球围绕地轴每 24 小时旋转一周，并区分出白天和夜晚；它每年绕太阳一周，因此划分出四季。天文仪器可以向后或是向前，以便在任何时间（过去、现在和将来）显示出各个行星和它们的卫星的相对位置与运动。

3　要素：一些要素永远也不会改变它们的模式。例如，水一直遵从完整的循环。太阳照射到洋面上导致水的蒸发；气流带着水蒸气运动；一直遇到丘陵或是高山的冷空气，水蒸气凝结；重力把水带回地球并再次回归大海。

4　无论大小，各个国家经历着政治、文化和经济的循环。

5　人类生活：人类生活的模式也可从群体行为中观察到，例如从城市中迁入与迁出、平均年龄、出生率等等。

6　人类活动：图 94 证明了不能依据一种人类活动来预测另外一种人类活动。因此，每种要素的模式都必须通过各自的波浪单独分析，而不能用外部的要素。在 1939 年到 1942 年 4 月期间，股市滞后于商业的现象引发了很多讨论，但是没有任何定论。答案是，在 20 世纪 20 年代的 8 年膨胀导致了持续到 1942

年的 13 年三角形。

1 89 页图 97 显示的温度图形非常重要。温度与人类活动无关，然而在 110 年间的循环波浪形成了一个完美的 5 浪上升模式。

2 很多项目的波峰和波谷之间的周期，如流行病、山猫皮的产量、黄褐天幕毛虫、三文鱼的洄游等等，都非常一致。

3 在人类的活动中，循环并没有统一的间隔。它们遵循与斐波纳契加法数列相符合的波浪模式。

4 动态对称是一种自然法则，因此也就成为所有活动形态的基础。

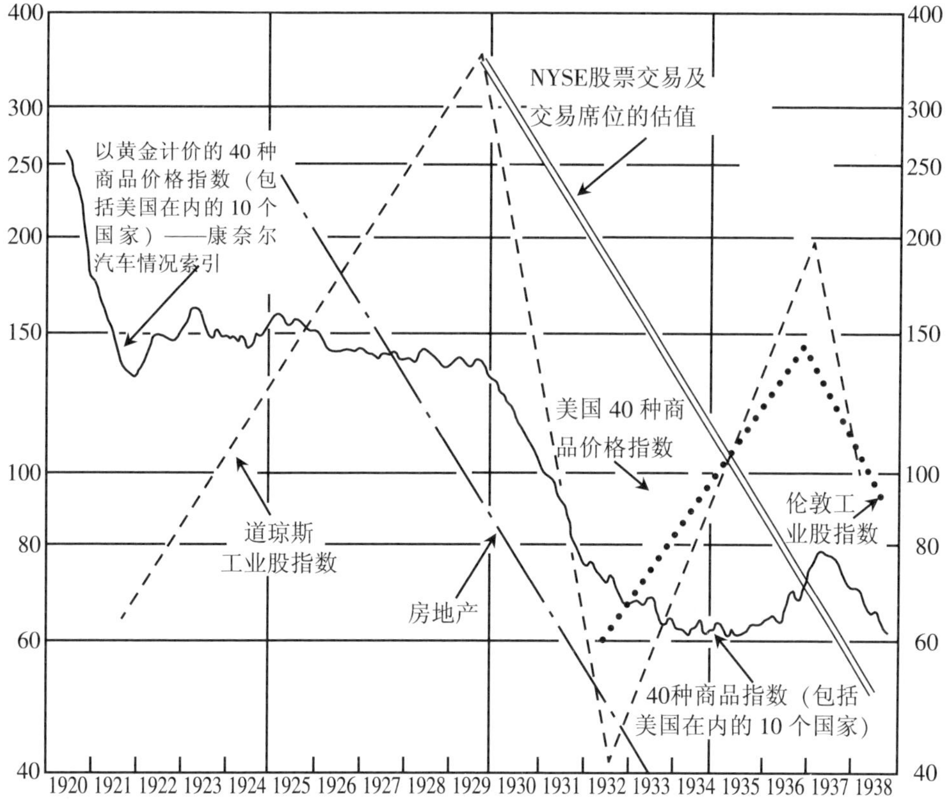

图 94

1 字典对“循环”的定义如下：

一个时间周期；

一个完整的旋转或是环绕；

一种螺旋状的叶子结构；

一系列的自我重复。

自从发现地球是圆的以来，循环就成为了很多研究的主题。这里有三种类别的循环：

（1）最高点与最低点的统一性周期。例如白天和夜晚；一年中的四季；流行病；气候、昆虫群体等等。

（2）周期性波动的出现。在一些例子中是由天文方面的因素导致的。

（3）模式、时间和比率，与13世纪意大利的数学家斐波纳契发现的加法数列一致。

2 牛津大学亚瑟·H·丘奇教授的一本名为《叶序与机械定律的关系》小册子非常有趣。

3 叶序是指植物树叶的排列。杰伊·汉姆毕格（Jay Hambidge）先生花了很多年来研究各种记录，并且是《动态对称的实际应用》一书的作者。其中一章的标题是“叶序定律”，书中27～28页在本书中10～12页进行了引用。

4 伊利诺伊大学的病理学教授威廉·F·佩尔森先生是《病人与气候》这本非常重要和有趣图书的作者。书中有疾病发展的图形，其模式与其他任何活动，包括股市，恰好一致。

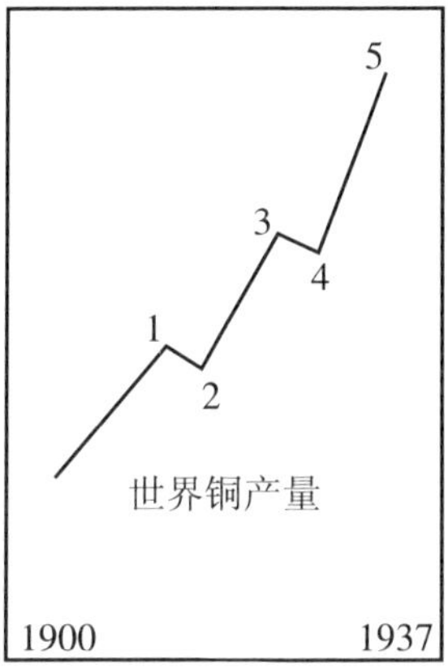
5
3
4
1
2
世界铜产量
1900
1937

图 95

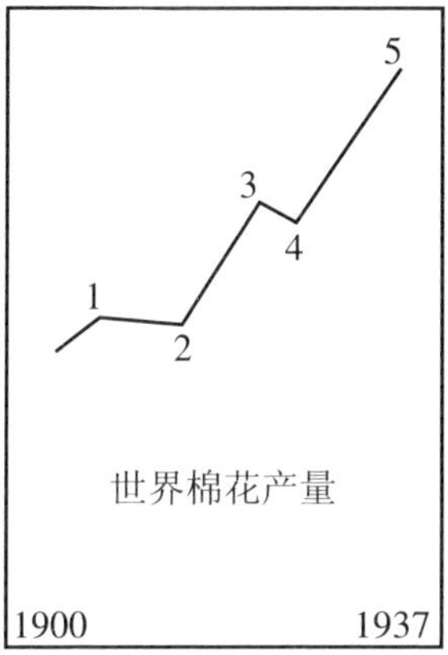
5
3
4
1
2
世界棉花产量
1900
1937

图 96

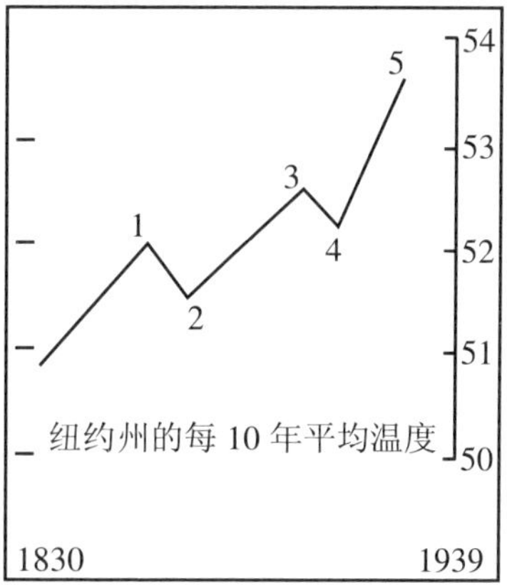
54
53
52
51
50
5
3
1
4
2
纽约州的每 10 年平均温度
1830
1939

图 97

第二十三章　大萧条

1　在与股市有关的范围内，“大萧条”这种习以为常的表达是一种错误的方式。1929～1932 年的股市下跌是先前上涨的调整，正如 45 页上的图 74 和图 75 和 62 页的图 88 显示的那样。字典把“萧条”定义为“低于正常水平”。科罗拉多的大峡谷是一种“萧条”，因为它远低于“正常的水平下方”，每一边都有数英里之远。可以这样说，从落基山脉的顶部到太平洋是一种“调整”，但不是“萧条”，尽管事实上太平洋要比落基山脉的底部低很多。没有一样像股市中的“萧条”的事物。如果有，就可以认为从落基山脉到太平洋是一种“萧条”的说法是正确的了。有很多原因导致这种错误的说法。

2　对股市毫无兴趣的普通公众，在 1921～1929 年期间可能非常享受并习惯了持续就业。自然，他们会假定这是一种正常状态。当 1929～1932 年的下跌导致很多人发现自己很难做到收支平衡时，自然就会认为这是一种“萧条”。

3　在 1921～1929 年股市上涨期间，交易者被告知，我们进入了“新纪元”、“永远不会有下跌”、“继续前进”等等。很多习惯做法是“可怕，但是合法”的。

4　很多政客要对“萧条”这个词汇的错误使用承担责任。在 1929～1932 年股市下跌的早期阶段，一些人鼓吹繁荣“即将来临”，当时的总统是胡佛先生。在 1932 年的总统选举期间，民主党用“萧条”谴责共和党与胡佛先生。1932 年、1936 年和 1940 年的选举结果证明，多数的选民相信新政。共和党指责新政导致了 1937～1942 年的下跌。这些虚伪的政治谎言，无论是由共和党还是民主党发起的，都在 45 页图 74、50 页图 79，52 页图 80、53 页图 81 和 62 页图 88 中被验证了。

很多服务机构和报纸的财经评论员，固执地讨论着发生的时事究竟是上涨还是下跌的原因。由于把一个东西套在另外一个东西上是一件非常简单的事情，他们就把时事新闻和市场行为联系起来。如果没有出现什么消息，市场波动就会被他们说成是“技术性”行为。这个特征我们已经在 71～73 页中讨论过了。时常会有一些重大事件发生。如果伦敦股市下跌而纽约股市上涨，或者是反过来，评论员就会迷惑。伯纳德·巴鲁克先生最近说过这样一句话，**“无论做了什么或是没有做什么”**，繁荣都将与我们相伴几年。请把这句话想清楚。

1 股市从来没有“萧条”——它仅仅是调整了先前的上涨。一个循环的作用与反作用。在“黑暗时代”，世界被认为是“平”的，我们总是固执地停留在相似的错觉中。

第二十四章　个体的情绪循环

人类活动中的“大众心理”循环在其他页的图形中已经被证明。一位科学家现在揭示了他对个体情绪循环的研究。在1945年11月号的《红书》杂志刊载了马龙·贝尔斯登先生撰写的一篇文章，在文章中他报道了一位科学家——雷克斯福德·B·赫西博士17年多的研究成果。麦科考出版公司允许我引用这篇文章。在最后的段落中提到了特定数字的时候，我在特定的数字上使用了下划线。

1　赫西博士一位获得罗氏奖金的学者，是西弗吉尼亚州大学和柏林大学的毕业生。

2　赫西博士撰写过一本关于他自己发现的书，这本名为《在商店和家里的工人的情绪》的图书在1933年由宾夕法尼亚大学出版。宾州铁路公司富有远见的行政管理人员对赫西的工作提供了支持。

3　赫西博士访问了德国。他发现德国工人的反应与美国工人一样。

4　人类情绪周期性地上升与下降已经得到了赫西博士的证实，他对此观察和研究已经超过了17年。他的研究表明。对于我们所有的人，情绪高涨与情绪低落依次有规律地出现，如同潮汐一样可靠。

1 他发现，在针对每个人的所有测试中，几周之后，都会出现相当有规律的模式。

2 赫西博士的图表显示，大约每隔5周他就变成更加挑剔。

3 你理所当然地认为，一连串的坏运气会马上让你走下坡路，除非你自己发挥坚强的意志力。另外一方面，好消息会让你到达世界的巅峰。现在科学告诉你是错误。如果你精力充沛并且热情高涨，好消息就会把你举得更高；如果你正郁郁不乐地苦挨"忧郁的星期一"，好消息可能起到临时的帮助，仅此而已。

4 人类的情绪通常以33～36天的间隔规律地上升和下降。

5 这些因素的上升和下降与股市图表类似。

6 血液的黏稠度的循环大约是56天

7 甲状腺分泌决定了总的情绪循环，通常从低到高并返回的过程在4～5周的时间。

8 甲状腺亢进的患者，情绪循环可能缩短到3周。

9 男人和女人的循环长度看起来没有什么不同。

斐波纳契加法数列中包括了数字3、5、34和55。时间循环并不总是很精确。因此，当周期在"33～36"时，基本的周期就是"34"，多点儿或是少点儿。基本周期数是"55"的话，就包括了"56"。

第二十五章　毕达哥拉斯

1　生活在公元前 5 世纪的毕达哥拉斯是一位伟大人物，在历史上留下了罕见的影响。我敦促读者阅读一下《大英百科全书》中关于他活动的记录。他是一位探索其他事物的坚定研究者。他游历过埃及，也就是经常提到的“文明的发源地”。

2　毕达哥拉斯主要是以在数学上的研究而闻名。就我所看到的范围内，他最重要的发现已经被忽略。他绘制过一个三角形，并在下面放置了一个神秘的标题——宇宙的奥秘。这个特性我们已经在 8～9 页广泛讨论过了。

3　1945 年，毕达哥拉斯协会的主席，哲学博士约翰·H·玛纳斯先生写过一本名为《解开生命的奥秘》的书。他在书中公开了毕达哥拉斯的一幅画。我经过加利福尼亚州洛杉矶市的哲学研究会的负责人曼利·P·豪先生的允许，复制了这幅画。这幅画在 98 页上显示。

4　在这幅画中有很多符号，但是我们把注意力集中在两个项目上：

（1）毕达哥拉斯右手托着的金字塔；

（2）画右下角的 3 个正方形。

这个金字塔代表着吉萨大金字塔，它很有可能是公元前 1000 年修建的，尽管有些研究者认为它比这还要古老得多。这个金字塔是“世界七大奇迹”之一。测量的精确，以及要把巨大的大理石安放到位是非同寻常的。然而，这些特性与用符号表达的知识相比就不重要了。这也许正是《圣经》中一个段落所指的。《圣经》的段落是这样的：

当那日，在埃及地中必有为耶和华筑的一座坛；在埃及的边界上必有为耶和华立的一根柱。

以赛亚书　19：19

1　在8～9页有这个金字塔不同视角的图形。为了方便参考，一个侧面视图（图98）在下面重新给出。

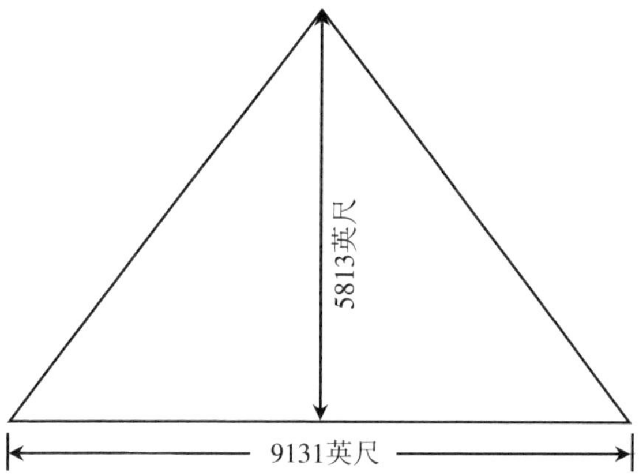

图 98

2　一个侧面的底边为9131英尺（精确的就是9131.055英尺），4个侧面底边的长度就是36524.22英尺。这个符号的数字就是我们使用的太阳历一年的天数——365¼天。我们的日历年是365天，但是每隔4年就必须加上1天（2月29日）。这就是“闰年”，4年的总天数是1461天。

3　垂直高度（从底到顶）是5813英尺。一个侧面的底边是9131英尺。垂直高度与底边的比率为63.6％。金字塔有5个面和8条线。5＋8＝13。注意垂直高度，5813英尺——5、8和13。8的62.5％是5；13的61.5％是8。还要注意50页中图79

上的比率的应用。

1　数字 5、8 和 13 都基于加法数列。斐波纳契这位 13 世纪意大利的数学家，在游历埃及回国后，公开了如下数列：

1—2—3—5—8—13—21—34—55—89—144

在这个数列中，任何两个相邻的数相加，就等于下一个更大的数。例如，1＋2＝3；5＋8＝13。任何一个数与相邻的更大数的比率是 61.8％（或多或少）。任何一个数是其前第二个数的 2.618 倍（或多或少）[①]。

2　在人类活动中，一个上涨运动是由 5 浪组成的——3 个上升浪和 2 个中间的调整浪。一个完整的循环由 5 个向上的浪和 3 个向下的浪组成，一共是 8 个浪。在所有的浪级中都是这样，无

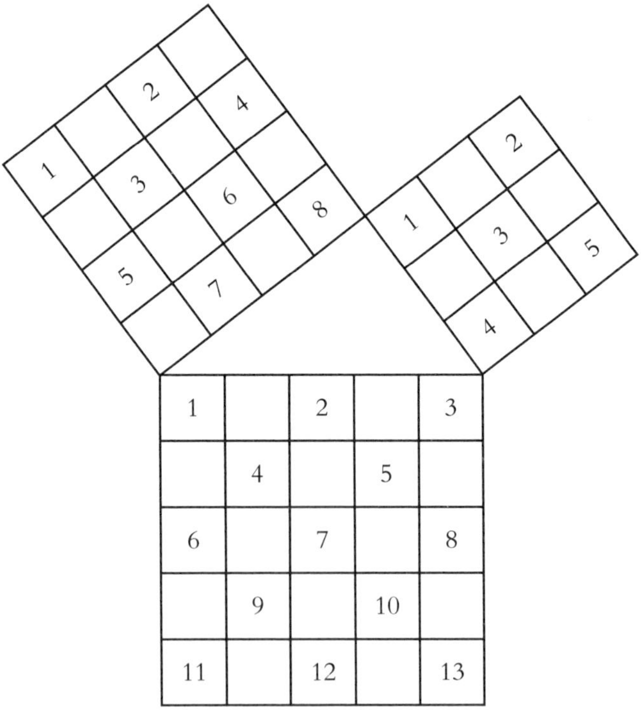

图 99

① 译注：原文是 2.168％，应为笔误，故将“％”作删除。

论是小浪、中浪还是大浪。参看 17～18 页。

1　在毕达哥拉斯图中的右下方的图形复制在了 96 页（图 99）。我把图中有阴影的方格标上了数字。左上方的正方形中有 5 个有阴影的方格；右上方的正方形中有 8 个有阴影的方格；下面的正方形中有 13 个有阴影的方格。这些数字与金字塔垂直高度的英尺数一致。

2　在下边描绘了相同的 3 个正方形，我用粗实线画出了无差别的正方形（小方格）。小方格现在用不同的方式标上数字，它们是：

1、2、3：	3 的平方等于 9
1、2、3、4：	4 的平方等于 16
1、2、3、4、5：	5 的平方等于 25

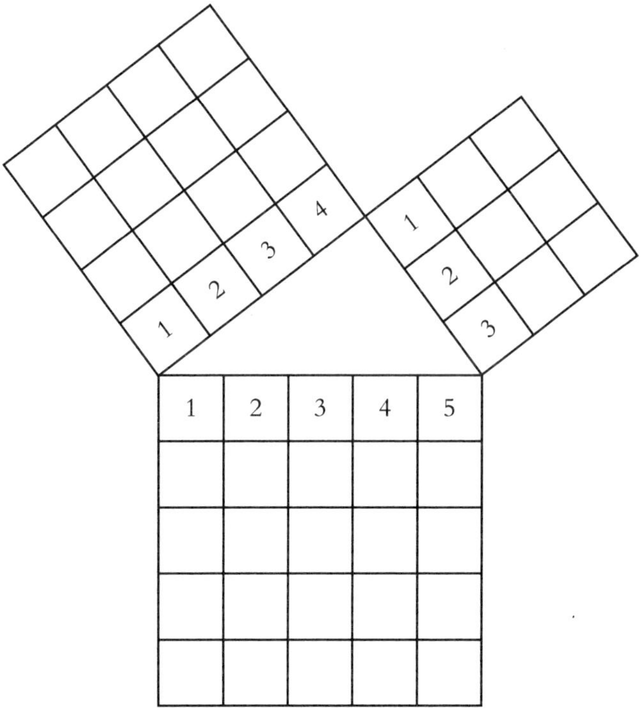

图 100

图 101

定理：直角三角形斜边的平方等于另外两条边的平方之和。在毕达哥拉斯的著作中，发现这种关于直角三角的解答方式最为著名。

1　现在回到斐波纳契数列，1～144。这些数字形成了毕达哥拉斯所提到的“宇宙的奥秘”。植物学中最佳的例子是向日葵，参见10～12页杰伊·汉姆毕格（Jay Hambidge）先生的描述。在人和动物的身体中，应用的数字是3和5。参见12页第2自然段。

2　在毕达哥拉斯的画中还有很多其他的符号。这是一张设想图。

第二十六章　杂项

1 **重叠**：复杂浪中的重叠值得仔细研究。这个特征在 34 页第 1 自然段中图解过了（图 53 和图 54）。有时，“复杂”浪会发展成为“双重 3 浪”或是“三重 3 浪”，如 24 页的图 22 和图 23 所示。

2 **波浪的成交量**：在一轮上涨中，浪 5 的成交量不会超过浪 3 的成交量——经常是少于。只要成交量增加，另外一轮上涨就必然出现，一直到新高出现时成交量不再增加。参看图 102。注意：浪 2 的成交量要少于浪 1 的成交量，这是一种有利的标志。

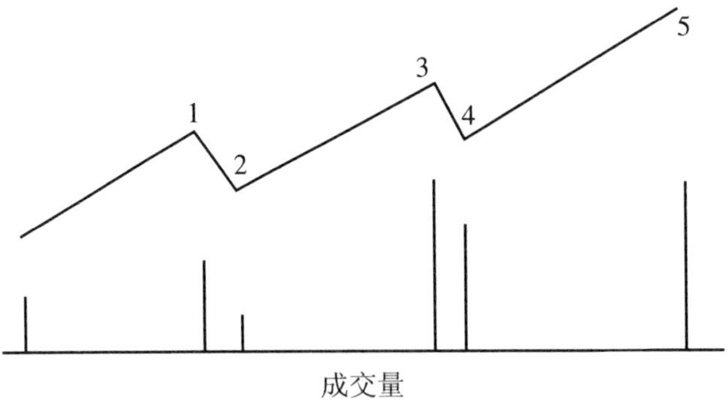

图 102

3 **圆**：“循环”这个词汇的意思是“圆”。有时这种特征会出现在股票的图形中。101 页图 103 的圆被分成 4 部分，A、B、D 和 C。当一个图形环形向下（运动）时，如在“C”段，如果到

达波浪数字的范围，那么向下的模式就已经完成了；就可以预期在这个底部，一个或是一系列的“3 浪运动”就会展开，并且随后就会依据“D”段加速上涨。因此，整个画面的向上或是向下都类似“C”段和“D”段的结合。换句话说，也就是圆的下半部。

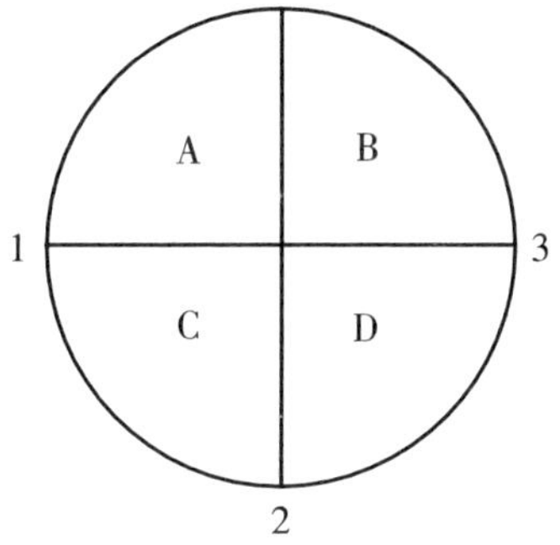

图 103

1　**“A - B 底”：**35 页第 1 自然段有过描述，有时是由“双重 3 浪”组成，或甚至是“三重 3 浪”，正如 25～26 页的描述；尤其是当一个圆形的底部形成时，如 100 页第 3 自然段，参看图 103。

2　**时事新闻：**传统的观点认为时事影响市场，这个观点广为传播，甚至是被利用。如果时事要为波动负责，循环就不可能出现。一个人无论在何时想要相信“新闻”，我建议他认真回顾 50 页上的图 78 和图 79 中的模式和波浪比率，然后回忆一下 1921 年期间出现的无数次事件与观点。

3　**个人情绪：**如果你的家人、朋友、雇员、雇主、顾客等人惹恼了你，我建议重新看一下 92～93 页。其他人与你一样，都有他们自己的循环。不要让自己的循环与别人的纠结在一起。

4　**罢工：**1945 年末的罢工洪流是一个简单的摆动。从左到右，1 到 2 再到 3，如同 100 页第 3 自然段图 103 一样。在劳工被组

织起来之前（1906年前），有很多雇主，即使不是绝大部分，他们非常专制、残忍和无情地对待雇员、竞争者和公众。今天一些罢工者的行为并没有坏过早期管理者的行为。每一个民族、人类活动和个体都有自己的循环——有些长，有些短，取决于各自的类别和范围。

1　**吉萨金字塔：**在1945年12月3日的《生活》杂志上，刊载了一篇名为“大金字塔的建造”的文章，这篇文章非常有趣。贝尔·戈迪斯先生准备了不同建造阶段的模型，并展示了相关的图片。这个报告是为《大英百科全书》准备的。文章中说，建造大金字塔使用的材料总重量为327.7万吨；而全世界最高的建筑——帝国大厦使用的材料总重量仅仅为30.5万吨。

1942～1945 年的大牛市

1 从 1928 年到 1942 年 4 月的道琼斯工业股平均指数的 13 年三角形绘制在 53 页上。正如在 27 页第 1 自然段图 31、29 页中的第 4 自然段描述的那样，三角形之后是“冲刺”。

2 在 105 页中绘制了道琼斯工业股平均指数。每一根垂直线段代表了一个月的点数范围。大浪①很短，大浪③很长，（细分的）中浪用小写字母 a、b、c、d 和 e 标注。注意内部基线在 b 浪和 d 浪。

3 大浪④由 3 个中浪组成，从 1943 年 7～11 月，用小写字母 a、b 和 c 标注。

4 大浪⑤从 1943 年 11 月到 1945 年 12 月 10 日，浪 A 和浪 B 历时 5 个月。在这个期间的日线价格范围和周线价格范围，所有的波浪都是由 3 个浪组成的。参看 35 页第 2 自然段图 57 和图 58。

5 从字母 B 到数字 1，是中浪 1，在日线是由 5 个浪组成的。

6 中浪 3 是由 5 个浪组成，并用小写字母 a、b、c、d 和 e（延展浪）标注。延展浪在浪 1、浪 3 和浪 5 这三个驱动浪中不会超过 1 个，参看 32 页第 1 自然段图 41、图 42 和图 43。中浪 4 和中浪 2 相同。

7 中浪 5 由 5 个周线价格范围的浪组成，并在 1945 年 12 月

10 日到达了 196.59 点，轻微超过了平行线。1945 年 12 月 10 日之后，“不规则”顶在 1936 年 2 月 4 日到达了 207.49 点。参看 38 页。

1 从 1943 年 11 月到 1945 年 12 月的大浪⑤，在模式上有一点不同寻常。在 1943 年 11 月到 1945 年 8 月期间，紧贴着基线而不是直接朝着平行线运行。造成这种异常现象的原因在于一批鲁莽的新投机者，他们的钱比经验多，并且喜欢低价股而不是流行指数所代表的成熟的证券。

2 为了克服这种异常，我设计了一种表现正常的专用指数。注意：大浪⑤并没紧贴“基线”，而是从头到尾跟随着一条直线。

注意：在 105 页图 104 中的上面，工业股平均指数在 1945 年 12 月 10 日记录了它的“正规顶”（OT）196.59 点。在本书付印的时候，一个“不规则顶”，浪 B，正在形成的过程中。随后将会是浪“C”，参看 38 页。

我期待一个低于正常的熊市，如 55 页第 6 自然段图 83（56 页）描述的那样。

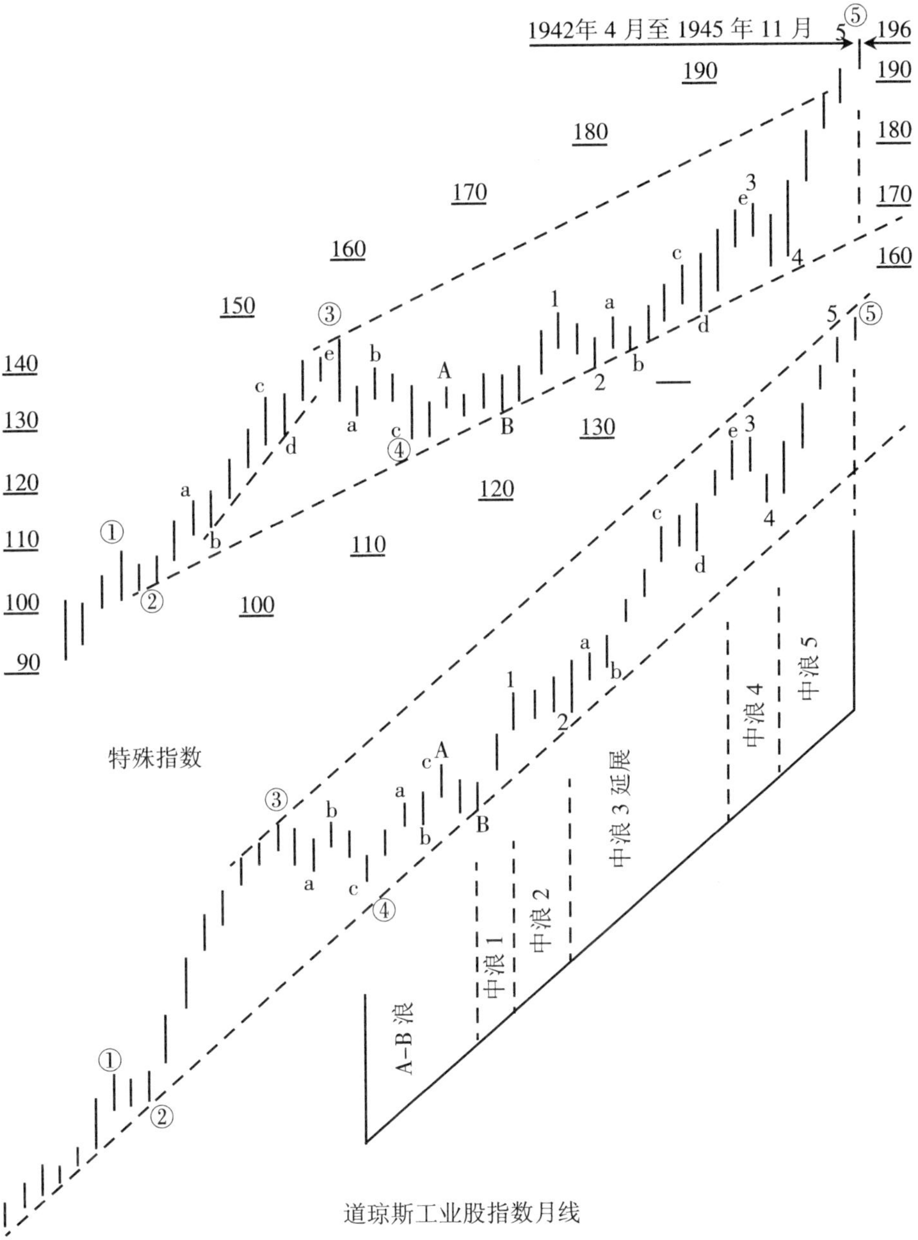

道琼斯工业股指数月线

图 104

回顾与总结

1 本书前面页码中的图形显示的模式提供了一个有历史意义的美国轮廓。这个国家奇迹般地发展有很多原因。

（1）地理位置、形状和国界。

（2）纬度和气候。

（3）自然资源。

（4）天分和个体的创造力。

（5）民主的观念。

2 地理位置：一个正方形，两侧是大洋，两侧是友邻。

3 纬度和气候：温带和亚热带，因此适合农业。

4 自然资源：黄金、铁、煤炭、石油、木材和水道。

5 天分：1850～1929 年专利的数目与价值是令人难以置信的。

注意 61～63 页的第十四章。专利申请的模式图形与股市的波浪在时间和模式上一致，它反过来反映了商业活动和大众心理。

6 政府的形式促进了个体的创造力。这并不意味着达到了完美，但使人联想到我们行进在正确的道路上。

7 50 页上描述的从 1928 年到 1942 年 13 年的三角形，通过参考 30 页的第 1～3 自然段，将会注意到，三角形总是出现在浪 4，并且浪 5 会超过浪 3 的顶部。

1 在45页显示的图75是从1800年到1945年12月。从1800年到1857年的虚线是基于商业历史，因为在1857年之前没有股市记录可以使用。1928年11月是浪③的“正规”顶，从那里三角形开始了（浪④）。这个三角形（浪④）结束后，1942年4月“冲刺”（浪⑤）开始。一轮“冲刺”（浪⑤）总是会超越浪③的顶部，在这个例子中，浪③的顶部在1928年11月。

2 从1921年到1928年11月的这轮运动由3个牛市和2个介于牛市之间的低于正常的熊市组成（参见50页的图78和图79）。迄今为止，1945年12月，一轮牛市已经记录下来了。因此，符合逻辑的是1942年之后的模式将类似1921～1928年期间的运动，即3个牛市和2个介于其中的低于正常的熊市。

3 道琼斯工业股平均指数从1921年的64点开始，在1928年11月结束时为299点，也就是上涨了235个点。“冲击”从1942年4月的93点开始。93点加上235点等于328点，也就是要比1928年11月结束的浪③高出29个点。参看45页的图75。这轮“冲刺”可能持续8年的时间，在1950年结束，并与1921～1929年类似。

4 由于第二次世界大战的资金供应，公众手中有大量的货币，看起来（市场）要印证前面所说的情况。

5 与1921～1928年相比，现在的进程有不同的顺序。在1921～1928年期间，浪①是一个正常的牛市，并没有出现膨胀的痕迹。在1928年11月结束浪5显而易见是膨胀的。

6 现在，从1942年到1945年的第一浪显示出了膨胀的特征。价值可疑的低价股以“蓝筹股”的形式率先急涨。每只股票从每股低于2美元开始。最高的上涨比率是13300%；最低的上涨比率为433%。这个板块的平均指数上涨了2776%。

参考文献

Pythagoras, Greek philosopher, 500 B. C. See Encyclopaedis Brittanics.

Fibonacci, Italian mathematician of the 13th century. Better known as Leonardo of Piza. His works Were published by Count N. Boncampagni, 1857 - 1862.

Dynamic Symmetry, The Greek Vase, by Jay Hambidge. Note appendix, pages 146/159

Practical Applications of Dynamic Symmetry. The Law of Phyllotaxis, by Jay Hambidge. See pages 27/29.

Natures Harmonic Unity, by Samuel Coleman and C. Arthur Coan.

Proportional Form, by Samuel Coleman and C. Arthur Coan. See pages 34/35, also 149/155.

Curves of Light, by Thomas A. Cook.

The Human Situation, by Wm. Macniele Dixon. See pages 129/131

Prophecies of Melchi-Zedik In The Great Pyramid, by Brown Landone

Nuggets from King Solomon’ s Mine by John Barnes Schmalz.

波浪理论提供三种服务：

1.《研判通讯》：在特定的时间出版，是为希望学习“宇宙的奥秘”的人准备的。商业管理人员可以学习预测生产力的波峰和波谷。

2.《预测通讯》：是当平均指数和个股进入重要的逆转期间时，提供给希望得到及时建议的人。

3. 为非订阅者提供的“信息”：邮寄一份有回信地址并贴上邮票的信封。你可以询问任何问题。我在款到后就会回答。这项新颖的服务满足了长久以来的需求。

纽约州（5）纽约市华尔街 65 号 R·N·艾略特

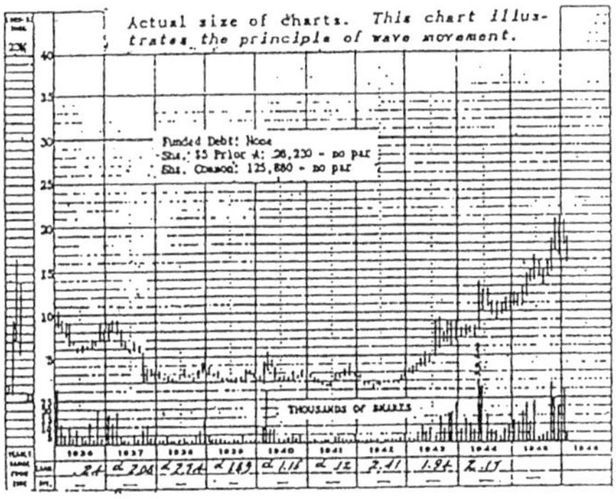

图 105

通过股票图形研究你自己的股票

超过 900 种图表

最全的股市图表书

清晰和简洁

出色的识别性

方便的螺旋装订

对精度的仔细查证

6 个图表 1 页——规则 8.5 英寸×11 英寸

你将收到的是什么

- 纽约证券交易所和纽约场外交易所每一种活跃股的实际图表与统计数据
- 依据字母顺序的分类索引
- 从 1936 年以来的收益和分红
- 过去 10 年来的月线最高点与最低点
- 1932～1935 年年度最高点与最低点
- 每家公司的资本总额
- 特定重要股票的成交量

图书每 2 月出版更新 1 次

单独的 1 册（160 页—920 个图表）……………………………10 美元

全年的服务（6 份修正的出版物）……………………………50 美元

所有订单的地址：F·W·史蒂芬斯威廉街 15 号纽约市（5）HA 2—4848